Biblioteca de Obras Maestras del Pensamiento

Discurso del método

René
DESCARTES

Biblioteca de Obras
Maestras del Pensamiento

Discurso del método

Traducción:
J. ROVIRA ARMENGOL

Prólogo:
PAUL VALÉRY

Introducción:
FRANCISCO ROMERO

EDITORIAL LOSADA
BUENOS AIRES

Descartes, René
 Discurso del método. – 1° ed. –
 Buenos Aires: Losada, 2004.
 152 p. ; 22x14 cm - (Biblioteca de obras maestras
 del pensamiento)

 Traducción de: José Rovira Armengol

 ISBN 950-03-7834-5

 1. Filosofía Moderna I. Título.
 CDD 190

Título del original francés:
Discours de la méthode

1ª edición en Biblioteca de Obras
Maestras del Pensamiento: agosto de 2004

© Editorial Losada S. A.
Moreno 3362,
Buenos Aires, 1959

Distribución:
Capital Federal: Vaccaro Sánchez, Moreno 794 - 9° piso
(1091) Buenos Aires, Argentina.
Interior: Distribuidora Bertrán, Av. Vélez Sarsfield 1950
(1285) Buenos Aires, Argentina.

Composición y armado de interiores:
Silvana Mara Ferraro

ISBN: 950-03-7834-5
Queda hecho el depósito que marca la ley 11.723
Marca y características gráficas registradas en la
Oficina de Patentes y Marcas de la Nación
Impreso en Argentina
Printed in Argentina

Un punto de vista acerca de Descartes

por Paul Valéry

Renato Descartes nació el último día de marzo de 1596 en La Haya en Turena (Francia). Su casa era noble y de las más antiguas. En ella, habían seguido el oficio de las armas hasta su padre Joaquín que se hizo adjudicar un puesto de Consejero en el Parlamento de Bretaña. Su madre murió pocos días después de darle a luz, sucumbiendo sin duda a una enfermedad tuberculosa. Heredó de ella "una tos seca y un color pálido que conservó hasta la edad de más de veinte años". Los médicos le condenaban a morir joven.[1]

Esta fragilidad hizo que le tuvieran largo tiempo en su casa, cuidado por mujeres. Mas su padre velaba también el desarrollo de su mente que, pronto, había presentido lo que podría llegar a ser. Llamaba *mi filósofo* al hijo que le preguntaba sin cesar. Cuando el *filósofo* tuvo diez años, el ex-

---

[1] BAILLET. *Vida de Descartes*, 1691. Libro excelente en el cual he espigado, como todo el mundo, la mayor parte de los hechos biográficos que aquí consigno. *Nota de Paul Valéry.*

celente y clarividente Joaquín Descartes que estaba decidido a proporcionarle la mejor educación posible, le hizo entrar en el Colegio de La Flèche que acababa de fundar Enrique IV, entregándole a los jesuitas, a los cuales el Rey confiara el cuidado de formar a la juventud noble de Francia. En todo el curso de sus humanidades, Descartes fue alumno modelo. Pero cuando pasó del estudio de las letras a los de la lógica, la física y la metafísica, le disgustó la incertidumbre y la oscuridad de las doctrinas tanto como la diversidad asombrosa de las opiniones: observaba que no había nada lo bastante extraño y poco creíble que no lo haya enseñado algún filósofo. Tal choque intelectual es acontecimiento capital de la vida de su espíritu. Lo experimenta hacia la edad de dieciséis años, edad crítica en la cual harto a menudo se decide la suerte de la libertad y de la personalidad del pensamiento. Toda su carrera puede considerarse como evolución de aquel recobrarse a sí mismo, que había de transformarse en reacción poderosamente creadora al golpe de un segundo acontecimiento interior acaecido siete años después, y del cual hablaré ahora mismo.

Al mismo tiempo que se ponía en estado de defensa contra la filosofía, se entregó con placer y celo extraordinarios al estudio de las matemáticas: asombrábale sin embargo que, a pesar de ser tan sólidas y firmes no se hubiese construido sobre ellas nada más elevado que su aplicación a las diversas técnicas que las utilizan. Así, el conjunto de los conocimientos que encuentra constituidos y que sus maestros le transmiten le ofrecen el contraste de la importancia concedida universalmente a una filosofía cuya autoridad no compensa ni la debilidad de las premisas ni la extravagancia de las deducciones, con una ciencia basada sobre la evidencia y el rigor, que está a pesar de ello relegada en los empleos que les proporcionan las necesidades de la práctica.

El mismo Descartes hace entonces el balance de las necesidades, de los deseos, de los recursos propios de su espíritu, en vista de una valoración general de los valores intelectuales ofrecidos por la época en que vive. *Debe razonar de este modo:* "Hanme hecho creer desde la infancia que encontraría en mis estudios todo lo que es útil saber; este saber, por otra parte, sería claro y cierto. Entregueme a él con ardor. Hanme educado los mejores maestros de Europa, en el colegio más célebre. He aprendido todo lo que en él enseñaban, y he leído, además, todos los libros de ciencia que pude conseguir. En fin, pasaba por no ser inferior a ninguno de mis condiscípulos. Ahora bien, dejando aparte las matemáticas, me doy cuenta que todo lo demás no es más que diversión o no es absolutamente nada".

¿Qué hacer? Sale sin dolor del Colegio, abandona sus libros de letras en los que no encontrará más que charlatanismo y decepciones. Se entrega a la equitación y sobre todo a la esgrima, por la cual se interesa hasta el punto de escribir sobre ella un tratado breve. Su padre que le destina a la carrera militar, pero que tiene empeño en que antes vea el "gran mundo", le envía a París. Va como hijo de familia con su criado y sus lacayos, frecuenta menos el gran mundo que el mundo en que uno se divierte, y pierde o gana unos cuantos meses en diversiones, partidas de placer y sobre todo en el juego.

Mas los placeres, según los llama todo el mundo, dejaron bien pronto de darle placer. Se desprendió lo mejor que pudo de sus compañeros de vida fácil, para darse nuevos amigos y pasatiempos de muy distinta clase. Intimó, particularmente con el señor Mydorge, entonces reputado como el primer matemático de Francia, en quien "encontraba no se qué que le agradaba en extremo, ya sea por el humor, ya por el carácter de su entendimiento"; y volvió a ponerse en contacto con un hombre al que había conocido muy joven en el Colegio, y que debía ocupar en su vida un lugar de primera importancia, Martin Mersenne. Mersenne, al salir de La Flèche, había entrado en religión en la orden de los Mínimos. Fue para Descartes el amigo más constante y más útil, el representante casi oficial de su pensamiento desempeñando cerca de él ese papel infinitamente precioso de confidente, defensor, informador y corresponsal. Tal género de personaje se encuentra bastante a menudo en la cercanía de los grandes hombres. Pero al Padre Mersenne hay que colocarle, sin duda, en primera fila de esos acólitos del genio.

Descartes tiene veintiún años. Ha llegado para él el momento de entrar en la carrera de las armas. Piensa primero en unirse a las tropas del Rey; pero las circunstancias le determinan a ir a instruirse en la guerra bajo el príncipe Mauricio de Nassau. Su campaña de Holanda no parece haber sido ni muy batalladora ni muy penosa. Se distinguió en ella sobre todo como matemático y deslumbró a unos cuantos sabios de Breda con las soluciones casi inmediatas que un método de su invención le permitiera dar a los problemas con que habían creído ponerle en un aprieto. Entre tanto, escribió un tratado de música en latín, y después, llevando como aficionado y curioso de las cosas humanas una vida militar libre de compromiso, pasa a Alemania, asiste a la coronación del Emperador Fernando, y va inmediatamente a unirse, en calidad de voluntario, al ejército bávaro que iba a entrar en acción contra el Elector palatino.

Pasaron algunos meses antes de llegar a las acciones de guerra. Durante aquel período de espera y de negociaciones fue cuando se produjo en él un trabajo extraordinario de la mente que convirtió en unas cuantas semanas a aquel soldado joven en el autor de la revolución intelectual más audaz y más enérgicamente conducida que se haya visto nunca. El segundo semestre del año 1619 y los primeros meses de 1620 deben contarse entre las épocas del mundo de las ideas. Descartes, que había tomado sus cuarteles de invierno, se encontraba en Ulm, y allí es sin duda (o no lejos de allí) donde se precipitó en su pensamiento la resolución de tomarse a sí mismo por manantial y por árbitro de todos los valores en materia de conocimiento. Hemos llegado a estar tan familiarizados con tal actitud que casi no sentimos el esfuerzo y la unidad de potencia voluntaria que fue menester para concebirla en toda su nitidez y para tomarla por primera vez. La brusca abolición de todos los privilegios de la autoridad, la declaración de nulidad de toda la enseñanza tradicional, la institución del nuevo poder interior fundado sobre la evidencia, la duda, el "buen sentido", la observación de los hechos, la construcción rigurosa de los razonamientos, esa limpieza implacable de la mesa del laboratorio de la mente, era en 1619, un sistema de medidas extraordinarias que adoptaba y dictaba en su soledad invernal un muchacho de veintitrés años, fortalecido por sus reflexiones, seguro de la virtud que había en ellas, a la cual daba él y en la cual encontraba la misma fuerza que el sentimiento mismo de su propio existir; tan fuerte por sí y tan seguro de sí como pudiera estarlo, en su habitación de Valence, un tenientillo de veinte años, ¡ciento sesenta años más tarde![2] Pero Descartes hacía a un tiempo mismo su Revolución y su Imperio.

Todo esto pertenece al orden de la acción, porque el pensamiento es, por esencia, impotente para salir de sus propias combinaciones. Un hombre que sueña está preso en el grupo de las transformaciones de su sueño, y no puede salir de él sino mediante la intervención de un hecho ajeno y exterior al mundo del sueño. Descartes pudo considerar el conjunto de las doctrinas y de las tesis de la filosofía antigua y escolástica, y el caos de sus contradicciones, a las cuales parecía que todo el mundo se había hecho insensible y con las cuales la enseñanza se las arreglaba tan bien, lo mismo que un ser que despierta, resume la pesadilla cuyo desorden acaba de soportar, y anula con un abrir y cerrar de ojos sobre los objetos estables y bien terminados que se distinguen por sí mismos y están de acuerdo con sus movimientos. Reducir a cero todo el fárrago dogmático era, en verdad, una especie de acto... casi un reflejo.

Mas aquella reacción tan enérgica, que es el segundo acontecimiento al cual he aludido antes, sin duda no hubiera pasado de ser un episodio personal sin más consecuencias que la primera, si no hubiera ido acompañada (tal vez sordamente solicitada o exigida) por la formación del

---

[2] El tenientillo era Napoleón Bonaparte. *(Nota de la traductora.)*

proyecto de una CIENCIA ADMIRABLE, cuya idea se le apareció el 10 de noviembre de 1619, con tan intensa luz que a duras penas pudo soportar su brillo.

Precedió a ese momento creador un estado de concentración y de agitación violentas. *Se fatigó de tal modo,* dice Billet, *que se le incendió el cerebro, y cayó en una especie de entusiasmo, que dispuso de tal suerte su espíritu ya abatido, que le puso en estado de recibir sueños y visiones.* Se acostó, y tuvo tres sueños cuyo relato nos ha dejado. Hasta nos dice que el Genio que le poseía le había ya predicho tales sueños, y que *la mente humana no tenía en ellos parte alguna.* De tal modo le impresionó todo aquello que se puso en oración e hizo un voto de ir como peregrino "para encomendar este asunto, que juzgaba *el más importante de su vida* a la Santísima Virgen".

El conjunto de aquel día 10 de noviembre y de la noche que le siguiera constituye un drama intelectual extraordinario. Supongo que Descartes no nos ha engañado y que el relato que nos ha hecho es tan verdadero como puede serlo un recuerdo en el que intervienen sueños; no tenemos razón ninguna para dudar de su sinceridad. Conozco varios ejemplos de tales iluminaciones de la mente, que siguen a largas luchas interiores, a tormentos análogos a los dolores del alumbramiento. De repente, la verdad de cada uno se hace y brilla dentro de él. La comparación luminosa se impone, porque no hay nada que dé imagen más justa de ese fenómeno íntimo que la intervención de la luz en un medio oscuro en el cual no era posible moverse sino a tientas. Con la luz, aparece la marcha en línea recta y la relación inmediata de las coordinaciones de la marcha con el deseo y la meta. El movimiento llega a ser una función de su objeto. En los casos de que hablo, lo mismo que en el de Descartes, toda una vida se ilumina, y todos sus actos, de allí en adelante, se ordenan para llevar a cabo la obra que ha de ser su fin. La línea recta tiene ya sus jalones. Una inteligencia ha descubierto o ha proyectado el porqué ha sido hecha: ha formado, de una vez para siempre el modelo de todo su ejercicio futuro.

No hay que confundir, creo, tales "golpes de Estado" intelectuales con las conversiones del orden de la fe, que se les parecen harto por los tormentos preliminares y por la declaración súbita del "hombre nuevo". Hallo, en efecto, una diferencia bastante notable entre tales modos de transformación trascendente. Mientras que en el orden místico, la modificación puede producirse a todas las edades, en el orden intelectual parece tener lugar entre los diecinueve y los veinticuatro años: así ocurrió a lo menos, en algunas "especies" que he conocido.

Pero el caso de Descartes acaso es el más extraño que pueda imaginarse. Repasemos los acontecimientos del 10 de noviembre de 1619. Los precede un período de atención y de excitación intensas durante el cual se declaran la luz y la certidumbre, el proyecto maravilloso *(mirabilis scientiae fundamenta)* deslumbra a su autor. Ebrio de fatiga y de entusiasmo, se acuesta y sueña tres sueños. Se los atribuye a un Genio (un "Daimon" que hubiera creado en él). Por último, recurre a Dios y a la Virgen Santísima, implorando su ayuda para tranquilizarse acerca del valor de su descubrimiento. Mas ¿qué descubrimiento es éste? He aquí lo más asombroso de tal episodio. Pide al Cielo que le confirme en su idea de un método para conducir bien su *Razón*, y el tal método implica una creencia y una confianza fundamentales *en sí mismo*, condiciones necesarias para destruir la confianza y la creencia en la autoridad de las doctrinas transmitidas. No digo que haya en ello contradicción; pero hay en ello ciertamente un contraste psicológico de los más sensibles entre esos dos estados sucesivos y tan cercanos uno de otro. Tal contraste es precisamente lo que hace al relato punzante, vivo y verosímil. No conozco nada más verdaderamente poético de concebir que esa modulación extraordinaria que hace recorrer a un ser humano en el espacio de unas cuantas horas, los escalones desconocidos de toda su potencia nerviosa y espiritual, desde la tensión de sus facultades de análisis, de crítica y de construcción, hasta la embriaguez de la victoria, a la explosión del orgullo de haber encontrado; después, a *la duda* (porque la ganancia es tan hermosa que parece imposible tenerla en las manos: debe uno hacerse ilusiones sobre su realidad) por fin, después de tanta fe en sí mismo, se recurre a la fe que se ha recibido de la Iglesia y de la gracia.

No soy filósofo, y no me atrevo a escribir sobre Descartes, acerca del cual se ha trabajado tanto, más que impresiones absolutamente primeras, pero ello es lo que me permite encontrar en la meditación de aquellos instantes tan preciosos y tan dramáticos, interés más real e importancia *actual*, o mejor dicho actualidad eterna, más grande que la que no sé encontrar en el examen y en la discusión de la metafísica cartesiana. Ésta, como otras muchas, ya no tiene y no puede tener más que una significación histórica, es decir que estamos obligados a prestarle lo que ya no posee, de fingir ignorar cosas que sabemos y que se han adquirido después, de ceder pasajeramente un poco de nuestro calor a disputas que se enfriaron definitivamente... en una palabra, de hacer esfuerzo de simulación, sin esperanza de verificación final, para reconstituir artificialmente las condiciones de cierto sistema de fórmulas y de razonamientos constituido, hace trescientos años, en un mundo prodigiosamente diferente del nuestro, al cual los efectos propios de aquel mismo sistema han contribuido a hacérnoslo cada vez más ajeno.

Pero todo sistema es una empresa del entendimiento contra sí mismo. Una obra expresa no el *ser* de un autor, sino su *voluntad de parecer*, la cual elige, ordena, afina, enmascara, exagera. Es decir que una intención particular trata y trabaja el conjunto de los accidentes, de los juegos del azar mental, de los productos de atención y de duración consciente que componen la actividad real del pensamiento; pero ésta no quiere parecer lo que es; quiere que ese desorden de incidentes y de actos implícitos no cuente, que sus contradicciones, sus equivocaciones, sus diferencias de lucidez y de sentimientos se reabsorban. De ello resulta que la restitución de un ser pensante fundada únicamente en el examen de los textos conduce a la invención de monstruos, tanto más incapaces de vida cuanto más cuidadosos y rigurosamente se hayan elaborado, cuando ha sido necesario forjar conciliaciones de opiniones que no se han producido nunca en la mente del autor, explicar oscuridades que él mismo tuvo que soportar mientras trabajaba, interpretar términos cuyas resonancias eran singularidades de aquel entendimiento, impenetrables para él mismo. En suma, el sistema de un Descartes no es el mismo Descartes sino como manifestación de su ambición esencial y de su modo de satisfacerla. Pero en sí, es una representación del mundo y del conocimiento que no podía absolutamente más que envejecer como envejece una carta geográfica. Por el contrario, ni la pasión de comprender y de adueñarse por una vía completamente nueva de los misterios de la naturaleza, ni la extraña combinación del orgullo intelectual más decisionario y más convencido de su autonomía con los sentimientos de la devoción más sincera, ni la casi coexistencia o la sucesión inmediata de un estado que no quiere reconocer más que la razón y de un estado que da la mayor importancia a los sueños, no pueden nunca perder el interés que excita la vida mental misma; quiero decir esa fluctuación que no tiende sino a conservar lo posible, y que en ello se esfuerza, a cada instante, por todos los medios.

¿Hay algo más sobrecogedor que ver al Proteo interior pasar del rigor al delirio, pedir a la oración la energía para perseverar en el camino de las construcciones racionales, a las personas divinas que le sostengan en la más orgullosa de las empresas, y querer, por fin, que sueños excesivamente oscuros le sean testimonio en favor de su sistema de ideas claras? Éste es el rasgo más sorprendente de la personalidad fuerte y completa de Descartes, y este rasgo le distingue de la mayor parte de los demás filósofos. No hay ninguno cuyo carácter, es decir la reacción del hombre completo, aparezca más enérgicamente en la producción especulativa. Toda su filosofía —y casi osaré decir su ciencia, su geometría lo mismo que su física— confiesa, supone explícitamente y utiliza su YO. Volveré sobre esto. Pero ¿cómo no observar desde ahora que el texto fundamental, el *Discurso del método*, es un monólogo en el cual las pasiones, las nociones, las experiencias de la vida, las ambiciones, las reservas prácticas del héroe están indistintamente expresadas por la misma voz? No puede uno impedirse, al volver a colocar ese texto memorable en la atmósfera espiritual de su época, observar que la época en cuestión sigue a la de Montaigne, y que los monólogos de éste, no los ha ignorado el príncipe Hamlet, que en el aire de aquel tiempo removido por tantas controversias, estaba la duda, y que esa duda reflejada en cierta cabeza de tendencias y hábitos matemáticos tenía probabilidades de tomar forma de sistema, y de encontrar al fin su límite en la atestiguación del acto mismo que la expresa. Dudo, luego tengo, al menos, esta certidumbre, que dudo.

Para el resto de la biografía de Descartes, ruego al lector que se dirija a las obras que tratan de ella especialmente y las cuales no soy capaz de tomar prestado. Intento hacer a mi modo un croquis de su personaje intelectual. Si le he tomado en sus primeros años, es porque el estado naciente del hombre de entendimiento, es decir la edad en que el adolescente se hace hombre, es el de las ambiciones que se fijan, de las perspectivas que se dibujan. Entonces se siente más vivamente lo que debe llegar a ser la cualidad maestra que se podrá manifestar y que se deberá desarrollar, utilizar lo más posible. Ahora bien, *en toda materia,*

Descartes se siente geómetra en el alma. La geometría es para él un modelo. Es también para él el excitante más íntimo del pensamiento, y no sólo del pensamiento, sino de la voluntad de potencia. Hay en los que nacen geómetras, y se puede observar en su juventud, un orgullo asombrosamente simple, sincero y sin disfraz alguno, que resulta naturalmente de una superioridad que se han dado cuenta de que poseen en el arte de comprender y de resolver muchas de las cuestiones en las que la mayoría de las gentes ejercita en vano su ingenio. La sensación de una superioridad de esa especie existe en el origen de la decisión del joven Descartes de elevarse por encima de todo lo que se pensaba en su época y de ver más allá que ninguno de sus contemporáneos en el porvenir del conocimiento. Él mismo dice: "Lo que yo doy... tocante a la naturaleza y a las propiedades de las líneas curvas... está, me parece, tan por encima de la geometría ordinaria como la retórica de Cicerón está por encima del *abecé* de los niños".

Concibe desde muy pronto la posibilidad de una invención que permita tratar sistemáticamente todos los problemas de la geometría reduciéndolos a problemas de álgebra, lo cual es cosa hecha si se encuentra el medio de hacer corresponder las operaciones de geometría con las operaciones de aritmética. Lo encuentra. Mediante la correspondencia recíproca que establece entre los números y las figuras, libera a la investigación de la obligación de sostener la imagen y de referirse a ella mientras el entendimiento procede por el discurso lógico. Enseña a escribir las relaciones geométricas en un lenguaje homogéneo, enteramente compuesto de relaciones entre magnitudes, que ofrece al ejecutante no sólo el cuadro más preciso de la cuestión propuesta, sino además la perspectiva de los desarrollos (o desenvolvimientos) que puede recibir. Introduce la idea admirable de deducir las soluciones de la suposición del problema resuelto.[3]

"Se debe –dice– recorrer la dificultad sin considerar diferencia ninguna entre estas líneas conocidas y desconocidas" y da el artificio sencillísimo que convierte en realidad tal idea y que permite construir mediante la combinación indistintamente formada de cantidades conocidas y de incógnitas, la máquina cuyo funcionamiento sacará de su estructura misma todo lo que puede saberse de un sistema de datos.

Indudablemente, la geometría de Descartes presenta al lector moderno un aspecto muy diferente del de un tratado de geometría analítica de nuestro tiempo. Pero él abrió el camino, estableció el principio que no cesa, después de pasados tres siglos de "permitir la solución de un número ilimitado de problemas" y de sugerir otros infinitos en los cuales nunca se hubiera pensado. Además la invención cartesiana constituía un excitante y un instrumento tan poderoso del pensamiento que no podía permanecer reducida a emplearse en el dominio de las matemáticas puras. Bien pronto, conquistó la mecánica, y después la física; y en íntimo enlace con el cálculo infinitesimal, ha llegado a ser tan indispensable a nuestras representaciones del mundo como lo es, por ejemplo, la numeración decimal. Es un

---

[3] Es decir, creó la geometría analítica, y descubrió los fundamentos de la óptica geométrica. *(Nota de la traductora.)*

espectáculo intelectual harto fantástico el que este desenvolvimiento extraordinario puede ofrecer al entendimiento. Se ve cómo las "algunas líneas rectas movidas una por otra" que Descartes utiliza como órgano universal de relación métrica, llegan a ser el sistema de ejes de coordenadas. Y otras veces el fenómeno mismo, como la trayectoria de un móvil, tan pronto la ley del fenómeno viene a representarse; y luego el tal sistema se enriquece mediante la adjunción de una variable más, que es el tiempo; y por fin sufre una modificación prodigiosa que exige la teoría relativista, que sustituye a las rectas de Descartes el *n-uple* ondulante de las coordenadas curvilíneas de Gauss, y el continuo no euclidiano a su espacio de tres dimensiones.

Esto no es todo. La representación cartesiana de toda clase de variaciones mensurables ha tomado en la práctica una importancia cada vez mayor. Ya se trate de los cursos de la Bolsa, de la temperatura en una enfermedad febril, de la repartición de observaciones estadísticas, de las fluctuaciones meteorológicas, etc., la traducción de las cifras marcadas en figuras de curva que permite apreciar en una sola ojeada la marcha de una transformación ha llegado a ser familiar y casi indispensable en un estado de organización del mundo humano en el cual la misma complicación extrema del organismo social exige la previsión rápida. Descartes es ciertamente uno de los hombres más responsables de la andadura y de la fisonomía de la era moderna, que puede encontrarse particularmente caracterizada por lo que llamaré "cuantificación de la vida". La sustitución del número por la figura, el hecho de someter todo conocimiento a una comparación de magnitudes, y la *depreciación* consiguiente de *todas las que no pueden traducirse en relaciones aritméticas* ha tenido la mayor consecuencia en todos los dominios. A un lado, todo lo mensurable; al otro, todo lo que no tiene nada que ver con la métrica. Basta observar un día de nuestra existencia para darse cuenta de cómo está dividida, valorada, mandada, preordenada por las indicaciones o las menciones de algunos aparatos de medir.

Así, nuestro Descartes se encuentra a los veintitrés años maravillosamente seguro de su poder matemático, y, convencido del poder del método por sus grandes éxitos en geometría, *se promete aplicarla tan útilmente a las dificultades de las otras ciencias como lo había hecho a las del álgebra*. Nada le parece en el conocimiento que no pueda elucidarse, conquistarse, transformarse en saber utilizable y sólido mediante la admirable ciencia del método que le embriaga. Un método no es una doctrina, es un sistema de operaciones que realice mejor que el entendimiento entregado a sí mismo, el trabajo del entendimiento. Son, pues necesariamente operaciones casi materiales, es decir que pueden concebirse, sino realizarse, por medio de un mecanismo. Una doctrina puede pretender enseñarnos algo de lo cual no sabíamos absolutamente nada; mientras que un método no tiene otra pretensión que la de operar transformaciones en algo de lo cual sabemos ya alguna parte para extraer de ella o componer con ella todo lo que de ella no podemos saber. Esto es lo que Descartes expresa cuando escribe: *Que un niño instruido en aritmética, y que ha hecho una suma siguiendo tales reglas, pueda estar seguro de haber encontrado, tocante a la suma que estaba examinando, todo lo que el en-*

tendimiento humano es capaz de encontrar. Este niño se ha forjado, pues, una máquina para transformar varios números en uno solo, y el sabio más grande del mundo no podría hacer más, porque una máquina, en principio y por definición, vale tanto como otra de la misma estructura. Pero los objetos de la aritmética o de la geometría son simples comparados con todos los demás que podemos proponernos examinar, hasta los más sencillos posible, puesto que se resuelven en actos de los más simples: el número, en el acto de contar; una línea en el acto de trazar.

Aquí es donde se coloca el momento metafísico de Descartes, y su resolución de emprender su gran aventura intelectual puesto que no quiere reducirse a no ser más que el primer geómetra de su tiempo.

Se trata nada menos que de construirse una *mirada sobre todas las cosas,* que las haga posibles de tratar según el método, y tales que se pueda razonar acerca de ellas tan segura y audazmente como puede hacerlo un geómetra, una vez que tenga bien terminadas sus definiciones, bien aislados y enunciados sus axiomas y postulados, y por lo tanto, abiertas ante él como preestablecidas, las vías de una verdad. Los seres y los actos matemáticos no tienen necesidad para vivir en el entendimiento y desenvolverse en él "hasta lo infinito" más que de unas cuantas convenciones que siempre se pueden tener por tan arbitrarias, y por lo tanto, tan inatacables, como las reglas de un juego. Aquí, el método crea su objeto y se confunde con él.

Pero ¿y el conjunto de las cosas y de las existencias dadas, pero, y el universo de la percepción, el mundo físico, el mundo vivo, el hombre, el mundo moral? Esto es una materia cuya diversidad y complejidad oponen al intelecto y a su voluntad de representación y de dominación mediante símbolos el obstáculo invencible de lo realmente indivisible y lo indefinible. La ciencia toma ahí precisamente poderes de acción que emplea contra él: mas el entendimiento no puede escaparse de la relación recíproca de la cual acaba siempre por darse cuenta entre lo que puede conocer y lo que es.

Sin embargo la idea de crear y de imponer a todo lo que pertenece al dominio del conocimiento un trato uniforme y metódico que convierta toda duda en una especie de figura particular del espacio inteligible, como la invención de la correspondencia entre las líneas y los números transforma toda curva en propiedad particular del espacio de la geometría, inspira toda la vida pensante de Descartes. No es el único que haya soñado referirlo todo a un sistema de reglas fijadas de una vez para siempre *gracias a las cuales todos los que las observan exactamente no supondrán nunca verdadero lo que es falso, y llegarán sin fatigarse en esfuerzos inútiles... al conocimiento verdadero de lo que pueden alcanzar (Regulae)*. Podemos pensar, por ejemplo en Raimundo Lulio y en Leibniz. La misma escolástica no pretende ofrecernos menos facilidad y certidumbre; y además, toda filosofía ¿no es un empeño que tiene por fin la realización del conocimiento ya que se le puede reducir a las funciones y combinaciones del lenguaje?

Aquí le tenemos, pues, a los treinta y dos años, ante el problema desmedido de instituir un método universal.

Mas, tarea de tal grandeza, que, a pesar de toda la seguridad que se tenga y una confianza en sí mismo bien justificada por brillantísimos éxitos de matemática, sigue siendo una aventura en que el que a ella se lanza está decidido a comprometer todo su porvenir. Requiere que el espíritu que ha de arriesgar todas sus fuerzas en tal quehacer esencial esté desligado de las obligaciones del mundo, preservado de las preocupaciones y los fastidios que las autoridades de diversos géneros pueden crear, hasta al más separado y más meditativo de los seres. Descartes, pues, se forja una política de prudencia, de reserva y de retiro, y hasta de desconfianza respecto de los hombres. Respecto a sí mismo, se exhorta al renunciamiento; se prohíbe desear, quiere convencerse de que nada está en su poder más que sus pensamientos; y, por fin, toma la resolución de ir a vivir a Holanda cuya lengua ignora, donde no tendrá más que las relaciones que haya deseado o creado, entre gentes que son "más cuidadosas de sus propios negocios que curiosas de los ajenos". Se pone de una vez para siempre en guardia contra todo lo que pudiera distraerle de su gran designio; estará en regla con las leyes, respetará las costumbres, la religión, la opinión y las opiniones, *reservándose el derecho de cambiar las suyas según su humor o según las circunstancias.* Lo cual es *probabilismo* o, según la jerga moderna, *conformismo* y *oportunismo*. Constituye, pues, para sí una cordura a favor de la cual podrá desenvolver su temeridad abstracta. Todo el mundo no está de acuerdo sobre la conducta que debe llevar, respecto al medio social que le rodea, le tienta, le persigue, le solicita un "hombre de entendimiento". La vanidad ataca su orgullo. Los placeres corrompen sus deleites internos. Las necesidades materiales se ponen a través de su pensamiento con sus preocupaciones y le quitan fuerzas y tiempo. El poder y los partidos no pueden mirarle sino como un ser peligroso, o inútil, o utilizable, porque no tienen otra manera de ver a la gente.

En suma, el instinto de proseguir una obra larga y rigurosa del entendimiento se halla necesariamente contrariada por todo aquello que hace que un hombre no es solamente un entendimiento y no puede alimentarse únicamente de espíritu. Mas sucede que tales contrariedades a veces engendran en ese mismo entendimiento potencias y vislumbres inesperados. El accidente exterior excita a veces al acontecimiento accidental íntimo que ha de ser lo que se llama un "rasgo de genio", de modo que, por fin, hay que consentir como Leibniz y como Pangloss, en afirmar que todo está lo mejor posible, hasta en el peor de los mundos.

Descartes ha puesto en orden sus cuentas con la filosofía... la de los otros. Ha definido o determinado su sistema de vida. Tiene plena confianza en su armamento de modelos y de ideales matemáticos, y ahora ya puede, sin vuelta ninguna hacia el pasado, sin consideración con tradición ninguna, entregarse a la lucha que ha de ser la de su voluntad de claridad y de organización del conocimiento, contra lo incierto, lo accidental, lo confuso y lo inconsecuente que son los atributos más probables de la mayor parte de nuestros pensamientos.

Se forja una certidumbre primera: se dice "que le era preciso rechazar como absolutamente falso todo aquello en que pudiera imaginar la menor duda, para ver si después de haberlo hecho así no quedaba algo en su creencia que fuera enteramente indudable". Y alega, fundándose en la experiencia que tenemos de los sueños, que tal vez todo no sea sino sueño. Sólo esta famosa proposición: *Pienso, luego soy,* le parece verdad inquebrantable, que es preciso tomar como primer principio, y que le revela, además, que existe una substancia cuya esencia total es pensar, enteramente independiente del cuerpo, del lugar y de toda otra cosa material.

Esta posición es en todo punto notable. Quiero decir que lo es también en ciertos aspectos en los cuales, tal vez, no se ha reparado. Ha dado origen a infinidad de comentarios, y a cierto número de interpretaciones bastante diferentes. Cada una de ellas consiste en tratar esta fórmula: "Pienso, luego soy" como una proposición cuyo sentido es indiscutible, y de la cual no queda más sino establecer la función lógica: unos ven en ella una especie de postulado; otros, la conclusión de un silogismo.

Aquí, voy a arriesgarme mucho. Digo que se la puede considerar desde un punto de vista completamente distinto y a pretender que esta breve y fuerte expresión de la personalidad del autor, *no tiene sentido ninguno*. Pero digo también que tiene *un valor muy grande*, completamente característico del hombre mismo.

Digo que COGITO ERGO SUM (Pienso, luego soy) no tiene sentido ninguno porque la palabrita SUM no tiene sentido ninguno. Nadie tiene, ni puede tener, la idea o la necesidad de decir: YO SOY, a menos que le tomen por muerto, y quiera protestar que no lo está: y en tal caso, probablemente diría: "Estoy vivo". Pero bastaría con un grito o con el menor movimiento. No: EL YO SOY no puede enseñar nada a nadie y no responde a ninguna pregunta inteligible. Pero esa palabra responde aquí a otra cosa, sobre la cual me explicaré enseguida. Además, ¿qué sentido atribuir a una proposición cuya negativa expresaría el contenido lo mismo que ella misma? Si el: YO SOY significa algo, el YO NO SOY no nos dice de ello ni más ni menos.

El mismo Descartes, al insistir sobre tales palabras, diez años después de haberlas sacado de sí mismo y de haberlas fijado en el *Discurso del método,* las vuelve a decir con cierta reticencia y niega que procedan de un silogismo; pero afirma que enuncian una cosa conocida por sí misma *simplici mentis intuitu* (Conversación con Burman). Pero, con eso, toca el punto mismo de soldadura del lenguaje con lo que acaece, sin duda, fuera de él, y provoca y determina en él una emisión particular. Ello puede ser una representación; pero puede ser una sensación, o cualquier acaecimiento de sensibilidad análoga. En este último caso, la palabra, produciéndose como consecuencia inmediata, tiene la insignificancia y el valor de un reflejo, como se ve por la exclamación, la interjección, el reniego, el grito de guerra, las fórmulas votivas o imprecatorias, sobre las cuales no puede volver el pensamiento sino para comprobar que por sí mismas no significan nada, pero que han representado un papel instantáneo en una brusca modificación de la espera o de la orientación íntima de un sistema vivo. Eso es lo que creo ver en el COGITO. Ni silogismo, ni siquiera significación según la letra: sino un acto reflejo del hombre, o más exactamente el estallar de un acto, de un golpe de fuerza. Hay en un pensador de tal potencia una política interior y una exterior del pensamiento, y se forma una especie de razón de Estado contra la cual no prevalece nada, y que acaba siempre por libertar enérgicamente al Yo de todas las dificultades o nociones parásitas que pesan sobre él *sin haberlas hallado dentro de sí mismo*. Descartes no hubiese inventado el dudar de su existencia, él que no dudaba de su valer. Si el COGITO aparece tantas veces en su obra, se encuentra y se vuelve a encontrar en el *Discurso*, en las *Meditaciones*, en los *Principios*, es que suena para él un llamamiento a su esencia de egotismo.

Le vuelve a tomar como el tema de su Yo lúcido, el ¡Despertad! con el que reta al orgullo y a los recursos de su ser. Nunca hasta él, ningún filósofo se había expuesto tan deliberadamente en el teatro de su pensamiento, pagando con su persona, arriesgando el YO durante páginas enteras; y como lo hace sobre todo, y en estilo admirable, cuando redacta sus Meditaciones, esforzándose por comunicarnos el detalle de su discusión y de sus maniobras interiores, de hacerle nuestro, de hacernos semejantes a él, inciertos y después ciertos como él, después que le hayamos seguido y como desposado con él de duda en duda hasta ese Yo el más puro, el menos personal, que debe ser el mismo en todos, y universal en cada uno.

Acabo de decir: estilo admirable. Relean esto:

"Tomemos por ejemplo este pedazo de cera que acaba de sacarse de la colmena: no perdió aún la dulzura de la miel que contenía, retiene todavía un algo del olor de las flores donde fue recogida; su color, su forma, su tamaño son aparentes; es duro, está frío; se le toca, y si le golpeáis, da un algo de sonido. En fin todas las cosas que pueden distintamente hacer conocer un cuerpo, se encuentran en éste."

"Mas he aquí, que mientras hablo, le acercan al fuego...", etcétera.

Estas pocas líneas son perfectas. Ninguna solicitación ajena a lo que deben decir las atormenta; ninguna intención de efecto altera la pureza de su acento y la sabia simplicidad de su movimiento contenido. No hay en ellas palabra que no sea inevitable, y que no parezca, sin embargo, haber sido escogida delicadamente. Veo en ellas un modelo de adaptación de la palabra al pensamiento, en el cual se compone la manera igual y desprendida que pertenece al geómetra que enuncia, con cierta gracia discretamente poética que hacen más sensibles el ritmo, el número, la estructura bien medida de este corto fragmento.

Si a alguien se le ocurriese juzgar a los filósofos por su lenguaje, acaso encontraría en él claridades particulares acerca de su pensamiento y de los modos de acudir a su espera, de declararse, de hacerse aceptar y amar hasta el punto de querer fijarle. Mas no quiero insistir sobre esta insinuación herética y paradójica que hará comprender un poco mejor lo que he adelantado tocante al COGITO y hasta en el por qué lo he adelantado. El tal motivo me parece estar volviendo a aparecer en toda la obra de Descartes, la cual, en verdad, es un monólogo en el cual su persona y casi el timbre de su voz no deja de hacerse sentir, como un tema de certidumbre que no le enseña nada y nada puede enseñarle; pero que le llama a sí mismo y que cada vez suscita en él la energía inicial de su gran designio.

Seguro de existir, Descartes se cree en el deber de imaginar que no tiene otra certidumbre. Tiene sin embargo otras muchas, en cuanto deja de meditar. Pero juzga, por muy innovador que sea, que debe adoptar la actitud, tradicional en metafísica de una duda universal que se toma voluntariamente, al entrar en la habitación en que se piensa y que se deja al salir de ella. Es un acto profesional.

Hele aquí, pues, luchando con un problema venerable. La experiencia del sueño, los errores de la percepción, las ilusiones del tacto y de la vista, las alucinaciones de diversos géneros han engendrado, desde tiempo inmemorial, esta duda teórica, tan positivamente *teórica* que puede uno preguntarse por cuenta propia si no será puramente *verbal*. Nos tomamos mucho trabajo para convencernos de que estamos soñando cuando no soñamos; pero se trata de extender a la totalidad de nuestro conocimiento la sospecha de que todo él sea tan vano y engañador como las fantasmagorías del sueño y los demás productos descarriados de nuestro espíritu. No nos privamos de darnos el gusto de sacar en consecuencia que vivimos en un mundo de apariencias, de lo cual resultan muchas deducciones que, por otra parte no tienen ninguna importancia positiva en nuestra vida. Engañados, soñando o no soñando, ello no cambia nada en nuestras sensaciones ni en nuestros actos. Parece, sin embargo, que esa posición es esencial para la filosofía: permite al filósofo decretar *realidad* lo que bien le parece y lo que la fantasía de su reflexión le sugiere. Pero ese desdichado nombre no tiene sentido sino como uno de los términos de un contraste. Reducirlo todo a sueño es abolir el contraste; desde entonces *ya no hay sueño,* y la reacción contra el sueño que le oponía una "realidad" se desvanece al choque del mismo golpe.

Sin embargo, es preciso reducir esta duda artificial, residuo de la tradición, y que yo califico de artificial, porque exige un acto de voluntad como exige que se le introduzca por los caminos del lenguaje. Supone por fin que tenemos la idea de una operación o transformación que, aplicada a nuestro conocimiento de las cosas, le sustituiría con una realidad de segundo orden, y transformaría en recuerdo de un sueño lo que teníamos práctica, natural y comúnmente por realidad. La estadística en favor de la realidad del sentido común es aplastante. Sin duda nos está permitido pensar que una especie de despertar podría disipar, lo mismo que se disipa un sueño, todo lo que nuestros sentidos, nuestro entendimiento, nuestra experiencia nos afirman ser medio, agente, medios, determinación de nuestras acciones, probabilidad de realización de nuestras previsiones, pero tal hiperfenómeno no se ha observado nunca, y bien creo que todas las tentativas que pudieran hacerse para figurárnoslo con alguna precisión sean vanas.

Descartes se halla, por lo tanto obligado a fingir, hace suposiciones harto extrañas. Finge que hay "no un verdadero Dios, sino un cierto genio maligno, no menos astuto y engañador que poderoso, que ha empleado toda su industria en engañarle". Y, para evitar que le engañe, decide interrumpir su juicio y "preparar tan bien su espíritu a todas las astucias del gran engañador que, por poderoso y astuto que sea, no logre engañarle con nada".

Sócrates tenía su Daimon. Descartes se otorga también un Diablo para las necesidades de su razonamiento. Si en efecto, nos formamos todas las hipótesis imaginables para explicar que un mundo de apariencias nos produzca impresión de realidad, la existencia de un demonio puede muy bien figurar entre ellas, y por otra parte, cuesta muy poco. Observaré aquí, sin sacar de ello la menor consecuencia, que en el relato que nos ha dejado de los sueños de la famosa noche del 10 de noviembre de 1619, figura también un Genio "que le predice aquellos sueños antes de que se acueste y un genio maligno al cual atribuye un dolor que le despierta y el designio de seducirle".

¿Cómo deshacerse de una duda tan absoluta y tan inventiva? En lo que concierne a su propia existencia, ya ha burlado y desafiado al Engañador mediante su fórmula mágica de conjuro: *Soy, luego existo*. Pero ahora se trata de hacer que todo lo demás, su mismo cuerpo y el mundo pueda ser reconocido tan existente como él. Se trata hasta de salvar las demostraciones de la matemática, ya que Dios no ha podido querer extraviarnos hasta mediante nuestros razonamientos de geometría.

Progresa hacia la "verdad" mediante un rodeo asombrosamente sutil. No está seguro mas que de su pensamiento. Puede emplearse, sin invocar nada más que a sí mismo, en su propio análisis. Este análisis le dará los elementos puros de una síntesis de la certidumbre.

Empieza por adelantar que "nada le es más fácil de conocer que su propio espíritu". Examina las ideas que divide en dos clases: las unas que le llegan mediante los sentidos y que siempre se pueden tener por ilusorias, aunque "mientras no se piense que existe algo fuera de uno mismo que sea parecido a esas ideas" se está "fuera de peligro de equivocarse"; las otras, que están en el alma, le representan "Substancias", término escolástico mediante el cual designa las cosas que existen por sí mismas: estas contienen una "realidad objetiva". Quiere decir con esto que tales ideas substanciales no pueden no representar algo real fuera de él. Pero ¿cuál es lo real por excelencia, y hasta la sola plena y absoluta realidad?

Aquí se coloca el célebre razonamiento que hace aparecer a Dios en la filosofía de Descartes. Ha conocido, mediante la duda, que su ser no era completamente perfecto, y "que era mayor perfección conocer que dudar". Más ¿de dónde puede venir esta idea de una perfección más grande? No pudiendo haberla obtenido de las cosas ni de sí mismo, porque lo más perfecto no puede proceder de lo menos perfecto, deduce la existencia de Dios de la presencia en su espíritu de esta idea de la perfección. Abrevio y mutilo atrozmente esta deducción que rehace y corrige o desenvuelve en sus grandes obras sucesivas; y a veces la modifica bajo el aguijón de las críticas y de las objeciones que no han dejado de atacar a esa clave de bóveda de su sistema. Sería interesante preguntarnos qué podría llegar a ser en un entendimiento de nuestra época tal argumentación, y, en particular, interrogarnos sobre si la noción capital de perfección podría subsistir en ella con tanta fuerza y necesidad.

Señalo en uno de los textos relativos a la existencia de Dios, una consideración cuantitativa notable. Clasifica las substancias según su realidad objetiva, es decir según los grados de ser o de perfección que implican las ideas que las representan, escala que va desde la nada a la idea de un "Dios soberano, eterno, infinito, todo poderoso y omnisciente y Creador universal de todas las cosas que están fuera de Él". Eso es progresar desde el cero al infinito positivo. Cada uno de los términos de esta serie ordenada recibe lo que tiene de realidad objetiva del término superior que le cede parte de su perfección, lo mismo que un cuerpo más caliente cede algo de su calor al menos caliente que está en contacto con él.

De aquí en adelante, la certidumbre está fundada sobre la existencia de un Perfecto que no puede ser engañador. Además, la teoría de la realidad objetiva opuesta a la realidad actual demuestra que no podemos atribuir a nuestro cuerpo el poder de pensar, porque todo lo que es del cuerpo y de las cosas que tiene en torno se resuelve en extensión, en figura, en situación y movimiento local, y que "en su concepto claro y distinto, se encuentra contenida cierta extensión, pero nada de inteligencia".

El razonamiento se resume así: Mi pensamiento está hecho de ideas que no provienen todas de la experiencia. Las hay que son de otra fuente. Se clasifican según su riqueza. "Nuestra luz natural nos muestra que conocemos tanto mejor una cosa o substancia cuantas más propiedades observamos en ella." La idea de perfección, de infinito de perfección, y la necesidad de la existencia de un ser que la realice, puesto que la existencia es una condición impuesta por la idea, es su consecuencia.

Esta deducción puede suscitar muchas dificultades. Como toda metafísica, se desliza sobre el problema del valor de los resultados que puede dar el empleo del lenguaje cuando se aplica a expresar las cosas mismas del pensamiento, es decir esas cosas acerca de las cuales no pueden estar de acuerdo los diferentes entendimientos y edificar sobre ellas sus convenciones por medio de objetos comunes y sensibles. Esto nos lleva a dar "definiciones", de términos ya creados y valorados por el uso corriente, el cual no necesita más que una moneda de cambio inmediatamente transformada en actos que no exigían sino señales instantáneas: y tales tentativas de transformar en instrumentos de precisión y en recurso de conocimientos que puedan explotarse hasta el extremo de su contenido supuesto, palabras que son productos inciertos e inestables de tanteos seculares, nunca satisfacen más que a sus autores. Descartes, por ejemplo, define el conocimiento claro y distinto: *claro,* el que está presente y manifiesto para un entendimiento atento. "*Distinto,* el que es de tal modo preciso y diferente de los demás que no comprende en sí mismo sino lo que parece manifiestamente a quien lo considera como es debido."

Él mismo, en el empleo de la palabra *Duda* que es tan importante para él, no distingue entre la duda natural y espontánea, que nos acomete al no saber qué nombre o qué atributo dar a una cosa insuficientemente conocida, y la duda artificial o filosófica que se coloca, como un signo algebraico, sobre lo que se quiera… y, en particular, sobre lo que mejor se conoce…

A pesar de todo, el desenvolvimiento de tal Metafísica obtuvo efectos muy distintos que los de las construcciones abstractas anteriores.

La noción del Método puesta en plena luz: la distinción capital del mundo del entendimiento y del de la extensión; de ahí, el renunciar a la vana rebusca que tiende a descubrir por medio del análisis lógico lo que solamente la experiencia puede revelar; después, una consideración enteramente mecánica del universo y de los seres vivos, y un esbozo de un sistema totalmente matemático del mundo; por otra parte, la referencia del Todo al Yo, el entendimiento de cada uno, su "evidencia" tomada como origen de los ejes de su conocimiento; en una palabra una especie de división muy fecunda del caos de observaciones y deducciones que le presentaba el estado del saber y de los medios de saber que había encontrado al nacer a la vida de la reflexión... tales son los frutos casi inmediatos de su acto intelectual deliberadamente realizado.

Tal filosofía se desenvuelve mediante un conjunto de aplicaciones que persigue como paralelamente en los dominios del entendimiento y de la extensión: dióptrica, mecánica, pasiones del alma.

Mas, a partir de cierta edad, es el estudio del ser vivo el que parece ponerse en primer término en el empleo de su tiempo y de sus rebuscas. La máquina de la vida le interesa más que nada. Parece haberse desprendido bastante de la geometría y de la física, y se complace en imaginar (porque ese razonador está singularmente inclinado a imaginar) el funcionamiento del organismo. Hasta, por mucho que haya querido separar a Psiquis del cuerpo y de la extensión, se ingenia, al menos en encontrar para ella una localización cerebral y en demostrar que tal situación es indispensable para sentir. Observa que hay en el cerebro una glándula pequeña que le parece ser asiento del alma, y la razón que de ello da es que las demás partes del cerebro son dobles todas, como son dobles los ojos, las orejas, y que es absolutamente necesario "que exista un lugar donde las dos imágenes que vienen por los ojos puedan reunirse en una antes de llegar al alma" y "no ve ningún otro sitio en el cuerpo donde puedan reunirse" sino en esa glándula. Esto es muy ingenioso. Nosotros tenemos ideas diferentes sobre las funciones de la hypophisis, que, por otra parte parece ser un órgano director de primera importancia; pero en cuanto a la coordinación de las imágenes temo que no sepamos mucho más que él. Y otro tanto ocurre con el funcionamiento del sistema nervioso: Descartes nos habla de "un viento muy sutil" al cual llama "los espíritus animales", que le da cuenta de todas las energías de la vida, va desde la glándula pineal al cerebro y del cerebro a todos los puntos del cuerpo de los cuales quiere explicar las modificaciones, las acciones o reacciones. Nuestros movimientos, nuestras imágenes, nuestros recuerdos, nuestras pasiones resultan del poder del alma sobre la distribución y el caudal de esa materia sutil que la sangre transporta a donde es necesaria y que se mueve también sobre nuestros conductores nerviosos. Seguimos siempre preguntándonos qué es lo que circula a lo largo de nuestros nervios ¿corriente eléctrica, propagación de naturaleza química? El problema sigue en pie, planteado con mucha más precisión, pero el caso es que sigue sin resolver. En cuanto a las relaciones del organismo con los "hechos de conciencia" o la sensibilidad subjetiva, nada nuevo desde 1650.

Lo que más impresiona y excita al público, cuando llega a enterarse de la existencia de un pensador y de su obra, es siempre y necesariamente alguna fórmula o afirmación destacada, que adquiere el poder de choque de una paradoja o la fuerza cómica de una simplificación mediante el absurdo. Todo el trabajo de Darwin no pesa más que estas palabras: *el hombre desciende del mono,* para la multitud de entendimientos que saben su nombre durante el último tercio del siglo pasado. En el siglo XVII, el nombre de Descartes hace pensar a mucha gente en el "animal máquina". Protestan, se burlan de él, disputan sobre ello, que a más de uno seduce, mientras algunos se dan muy pronto el gusto de pasar del animal al hombre. El siglo siguiente no vacila en lanzar a la circulación y al alcance de todos una concepción del hombre-máquina.

¿Qué valen hoy el análisis y la conclusión de Descartes? Trabajo me costaría decirlo. Me limito a unas cuantas observaciones.

Observaré, en primer lugar, que el sentido de la palabra "máquina" ha cambiado mucho, mientras que la noción de animal se ha complicado singularmente. Se han introducido en nuestras máquinas hartas disposiciones comparables a las que sugiere la producción de los reflejos de los seres vivos: y el número de las formas de energía que se utilizan simultáneamente en una misma máquina, cuando no había más que una o dos en tiempos de Descartes, se ha elevado hasta llegar a ser comparable con el que se encuentra necesariamente en juego en el proceso de transformaciones que constituye el aspecto físico de la vida. Descartes, en suma, aún podría sacar en consecuencia el maquinismo vital. Por lo demás, nosotros no podemos razonar sobre el animal sino en la medida en que le reduzcamos a un sistema que se repite y que saca de un medio cierta cosa cuya transformación le es esencial. Esto se parece mucho a una máquina. Además, no podemos estudiar las cosas de la vida animal sino por métodos análogos, los mismos medios físicos o intelectuales que los que nos sirven para comprender o para inventar las máquinas. Hasta si nuestro estudio se refiere al comportamiento de los animales, los sometemos a pruebas, a reactivos, intentamos perturbar instintos o crear hábitos, es decir trastornar cierta repetición que debía producirse, o introducir en ella una que no existía.

Mas todo esto no es sino una especulación experimental sobre la idea de máquina (la cual, por otra parte... no lo olvidemos... deriva de una especie de imitación de la acción de los seres vivos y de los órganos de tal acción).

No podemos, en fin, pensarnos a nosotros mismos sino en la medida en que pensamos repetirnos. Nuestra propia identidad es una probabilidad de restitución. No podemos, por ejemplo, formar un proyecto sin que el tal proyecto suponga la puesta en acción de una cantidad de ciclos de acción que creemos poder realizar porque ya otras veces los hemos realizado. Pero el tal proyecto no se reduce a su ejecución. Aquí se manifiestan dificultades insuperables. Hasta hoy, no existe máquina que haga un proyecto. En fin, creo que el animal herido sufre, y no se limita a fingir todo lo que hace falta para hacernos pensar que está sufriendo.

Un puntapié obra, sin duda, en dos mundos, y *duele* en una de las partes, y hace chillar o huir en otra. Pero, en verdad, no sé nada y nadie sabe más que yo.

Ahora, diré algunas palabras de la concepción física cartesiana, con la intención de mostrar rápidamente la importancia de dos ideas muy nuevas y muy fecundas que ha introducido en medio de muchas imaginaciones, hoy, y desde hace largo tiempo excluidas y olvidadas. Tales ideas y tales errores proceden del mismo pensamiento y de la misma voluntad de construir un modelo de explicación del mundo por medio de la matemática, exclusivamente.

Si todo lo que es de los cuerpos, se reduce a la figura y al movimiento, figura y movimiento se traducen a magnitudes y relaciones de medidas. Pero, mediante su Método de Geometría, las magnitudes de figuras se traducen a su vez en ecuaciones. El álgebra tiene al mundo entre sus posibilidades. Esto es un paso enorme en el camino de la representación del universo mensurable. Nadie aún había podido concebir que un sistema de referencia pudiera permitir expresar todos los fenómenos materiales en un lenguaje homogéneo o mejor dicho, restringido a la diversidad fundamental: longitud, tiempo, masa. Era un renunciamiento radical a la profusión de cualidades que constituía la física escolástica. En el transcurso de casi tres siglos, la ciencia no ha cesado de proseguir la obra soñada y rudamente esbozada por Descartes. Los progresos del análisis han permitido hacer sucesivamente la representación cartesiana de los progresos de la mecánica y de la física, hasta la teoría inclusa de la relatividad, que es en suma un desenvolvimiento casi monstruoso de la sumisión de los fenómenos a la geometría de lo continuo. Parece sin embargo que el método haya encontrado su límite en la época tan reciente en que hechos completamente inéditos e imprevistos, revelados por nuevos medios de investigación, han venido a dar que pensar, ya que no a concebir, que lo continuo expira en el umbral de lo excesivamente pequeño. La física intra-atómica intenta ver como por el ojo de una aguja, lo que pasa en un mundo que ya no se parece a nuestro mundo de experiencia inmemorial. Me engaño: no se trata de ver: el ver ya no tiene sentido; el espacio con el tiempo, la noción de cuerpo y de situación única en una época dada, se desvanecen cuando se hace imposible desenredar la cosa observada de la influencia que ejerce sobre ella el medio de la observación.

La suerte del universo cartesiano ha sido la de todas las imágenes del mundo o de su constitución íntima. Son medios momentáneos de concebir, más o menos de acuerdo con los medios de observar que posee una época o instante de la ciencia. El éter se ha ido a reunir con los torbellinos; y los modelos de átomos de nuestro tiempo, no duran apenas diez años, por término medio. Pero las imaginaciones de Descartes no por eso dejan de ser el primer intento de una síntesis físico-mecánica sujeta a condiciones matemáticas referentes al conjunto de un sistema. Decir que son condiciones matemáticas, es decir que se expresan por igualdades, e imponen al entendimiento la rebusca de "lo que se conserva" durante la evolución del sistema que se ha esforzado por considerar.

Descartes ha creído encontrar en la "cantidad de movimiento" la constante universal que permanece inalterada bajo las transformaciones de los fenómenos. Leibniz señala el error. Pero una idea capital se había introducido en la ciencia, esta idea de conservación, que sustituye de hecho, a la noción confusa de causa, una noción simple y cuantitativa.

Esta idea está sin duda ya infusa en la geometría pura, donde hay que suponer, para fundarla, que los sólidos no se alteran en sus cambios de lugar. Se sabe cuál fue el destino cambiante de esta idea de constancia: puede decirse que no se ha hecho, después de Descartes más que cambiar de lo que no cambia: *conservación de la cantidad de movimiento, conservación de la fuerza viva, conservación de la masa y de la energía:* hay que convenir en que las transformaciones de la conservación son bastante rápidas. Pero, he aquí, hace poco más o menos un siglo, el descubrimiento famoso de Carnot obligó a la ciencia a inscribir el signo fatal de la desigualdad, que pareció durante algún tiempo condenar al mundo al descanso eterno, al lado de la igualdad, que el sentido puramente matemático de Descartes había presentido sin designarla exactamente. No se sabe hoy demasiado bien qué es lo que se conserva... Pienso que se puede añadir a esta defensa de Descartes la observación (acaso ingenua) que hago, de que había, para escribir su fórmula conservadora, compuesto los constituyentes del movimiento en forma de *Producto;* ahora bien, esta forma, mal llena por él, debía ser la forma, en cierto modo natural, de todas las expresiones de la energía.

En cuanto a la fisiología, que parece haber sido su rebusca más constante hacia el fin de su existencia, atestigua la misma voluntad de construcción que domina toda su obra. Es fácil, hoy, burlarse de ese maquinismo, simplificación ruda e ingenuamente detallada. Pero ¿qué podía intentar el hombre de aquella época? Es increíble para nosotros, y es casi una vergüenza para el entendimiento humano, casi una objeción contra la inteligencia observadora del hombre, que el hecho que nos parece tan manifiesto, tan fácil de descubrir, de la circulación de la sangre, no se haya demostrado hasta el tiempo mismo de Descartes. A él no ha podido menos de impresionarle tal fenómeno mecánico, y sin duda encontró en él un argumento poderoso para su idea del autómata. Por otra parte, si sabemos acerca de esto mucho más, el crecimiento de tal saber nos aleja más bien, hasta ahora, de una representación satisfactoria de los fenómenos de la vida. La biología, como todo lo demás, va de sorpresa en sorpresa; porque va, como todo lo demás, de medio nuevo a medio nuevo de investigación. Nos parece que no podemos pensar en detenernos un momento sobre la pendiente fatal de los descubrimientos, para llegar, tal día y a tal hora, a una idea bien establecida del ser vivo. Nadie puede hoy inmovilizarse ante ese empeño y empezar a trabajar. Pero en el tiempo de Descartes, no era absurdo pensarlo. No se tenía en contra más que razones metafísicas, es decir: *de las que se podía hacer tabla rasa;* pero nosotros tenemos en contra nuestra la cantidad y lo desconocido de las posibilidades experimentales. Tenemos, pues, que resolver problemas cuyos datos y cuyo enunciado varían a cada instante de modo imprevisto. Supuesto, pues, el proyecto concebido de darnos cuenta del funcionamiento vital, y suponiendo también que lo mismo que Descartes rechacemos las fuerzas ocultas y las entidades (de las que ya se usaba tan ampliamente en medicina), encontramos, a la vez, que era absolutamente necesario que pidiese prestado a la mecánica de entonces todo su material de bombas y fuelles para figurarse un organismo capaz de las principales o de las más aparentes funciones de la vida.

Pero esto ¿no es una consideración que es preciso extender a toda nuestra opinión sobre Descartes? ¿No es una defensa de su gloria y un método para figurárnoslo dignamente? Nos es preciso llegar a sentir las exigencias y los medios de su pensamiento de manera tal y con tal perseverancia que, finalmente, pensar en él, sea invenciblemente pensar en nosotros. Y eso sería el más grande de los homenajes.

Me pregunto, pues, qué me impresiona más en él, porque precisamente eso es lo que puede y debe seguir viviendo. Lo que, en su obra, os vuelve hacia vosotros mismos y vuestros problemas... lo que comunica a su obra nuestra misma vida. No es, lo confieso, su metafísica lo que puede reavivarse así y ni siquiera su Método, tal, por lo menos, como lo enuncia en su *Discurso*.

Lo que hechiza en él y nos lo hace vivo, es la conciencia de sí mismo, de todo su ser reunido en su atención, conciencia penetrante de las operaciones de su pensamiento; conciencia tan voluntaria y tan precisa que hace de su YO un instrumento cuya infalibilidad no depende más que del grado de la conciencia que de ella tiene.

Esta opinión que me es absolutamente personal conduce a juicios harto particulares y a una distribución de valores de los trabajos de Descartes que no es en modo alguno la acostumbrada.

Yo en efecto distinguiría, en él, los problemas que nacen de sí mismo, y de los cuales ha sentido por sí mismo el aguijón y la necesidad personal, de los problemas que él no hubiese inventado, y que fueron, en cierto sentido, necesidades artificiales de su espíritu. Cediendo tal vez a la influencia de su educación, de su medio, del cuidado de parecer un filósofo tan completo como está bien serlo y que se debe a sí mismo el dar respuesta a todo, su voluntad, me parece, se habría empleado en dar satisfacción a aquellas solicitaciones secundarias, que parecen harto exteriores o ajenas a su naturaleza verdadera.

Observemos únicamente cómo en toda pregunta a la cual puede responder por el acto de su Yo, triunfa. Su Yo es geómetra y yo diría (con reservas) que la idea madre de su geometría es bien característica de su personalidad entera. Diríase que ha tomado, en todas las materias, ese Yo, sentido con tal fuerza, como origen de los ejes de su pensamiento: lo que es del espíritu y lo que es del cuerpo son las dos dimensiones que desenreda en el conocimiento.

Se ve que me despreocupo bastante de la parte considerable de su obra que está consagrada a todos los asuntos cuya existencia o importancia ha aprendido por los demás. Quizá me engañe pero no puedo menos dejar de consentir en lo que a mí me impone el personaje de nuestro héroe. Me figuro que en ciertas materias no se siente cómodo. Razona acerca de ellas muy largamente; vuelve atrás; se deshace como puede de las objeciones. Tengo la impresión de que se siente entonces alejado del voto que hiciera, infiel a sí mismo y que se cree obligado a pensar contra el corazón de su entendimiento. ¿Qué es, pues, lo que yo leo en el *Discurso del método*?

No son los principios en sí mismos lo que nos puede retener largo tiempo. Lo que atrae mi mirada después de la hechicera narración de su vida y de las circunstancias iniciales de su rebusca, es la presencia de él mismo en ese preludio de una filosofía. Es, si se quiere, el empleo del Yo. (En las dos formas *Je* y *Moi* que la lengua francesa tiene para expresar la misma idea) en una obra de esta especie, y el sonido de su voz humana; y eso es tal vez lo que se opone más netamente a la arquitectura escolástica. El *Je* y el *Moi* explícitamente evocados y encargados de introducirnos en modos de pensar de generalidad entera. ¡Ése es mi Descartes!

Pidiendo prestada una palabra a Stendhal, que la ha introducido en nuestra lengua, y desviándola un poco para mi uso particular, diré que el verdadero Método de Descartes debería llamarse el *egotismo*, el desenvolvimiento de la conciencia para servir a los fines del conocimiento.

Y, entonces, encuentro sin dificultad que lo esencial del *Discurso* no es sino la pintura de las condiciones y de las consecuencias de un acontecimiento, que desembaraza a ese Yo de todas las dificultades y de todas las obsesiones o nociones parásitas para él, de las cuales se encuentra cargado sin haberlas deseado ni encontrado en sí mismo.

Como he dicho antes, el *Cogito* me hace el efecto de un llamado clarineado por Descartes a sus potencias egotistas. Le repite como tema de su Yo, ese toque de diana con que llama al orgullo y al valor del entendimiento. En eso reside el hechizo —en el sentido mágico de la palabra— de esa fórmula tan comentada, cuando bastaría, creo, con sentirla. Al sonido de esas palabras, las entidades se desvanecen: la voluntad de poder invade a su hombre, yergue al héroe, le recuerda su misión absolutamente personal, su fatalidad propia; y hasta su diferencia, su injusticia individual: porque es posible, después de todo, que el ser destinado a la grandeza deba hacerse sordo, ciego, insensible a todo lo que, aun tratándose de verdades, hasta de realidades, pudiera contrarrestar su impulso, su destino, su camino de crecimiento, su luz, su línea de universo.

Y en fin, si el sentimiento del Yo toma tal conciencia y tal dominio central de nuestras facultades, si, deliberadamente, se hace sistema de referencia del mundo, foco de las reformas creadoras que opone a la incoherencia, a la multiplicidad, a la complejidad de este mundo tanto como a la insuficiencia de las explicaciones aceptadas, se siente autoalimentado por una sensación inexpresable, ante la cual expiran los medios del lenguaje, las similitudes ya no sirven, la voluntad de conocer que a ello se dirige, que en ello se absorbe y ya no retorna a su origen, porque en él ya no hay objeto que la refleje. Ya no es pensamiento...

En suma, el deseo verdadero de Descartes no podía ser sino llevar al punto más alto lo que dentro de sí encontraba más fuerte y susceptible de generalización. Quiere sobre todo cuanto existe explotar su tesoro de deseo y de vigor intelectual, y no puede querer otra cosa, tal es el principio contra el cual ni siquiera los textos prevalecen. Es el punto estratégico, la clave de la posición cartesiana.

Este gran capitán del espíritu encuentra en su camino obstáculos de dos especies. Son unos los problemas naturales que se ofrecen a todo hombre que viene a este mundo: los fenómenos, el universo físico, los seres vivos. Pero hay otros problemas que están bizarra y como arbitrariamente enredados con los primeros, problemas que él nunca hubiera imaginado, y que llegan a él mediante enseñanzas, libros, tradiciones aceptadas. Por fin, están las conveniencias, las consideraciones, los impedimentos, ya que no los peligros, de orden práctico y social.

Contra todos esos problemas y esos obstáculos, el Yo, y en apoyo del Yo, tales facultades. Una de ellas ha hecho sus pruebas: se puede contar con ella, sobre sus procedimientos, infalibles cuando se sabe usarlos, sobre la imperiosa obligación que impone de ponerlo todo en claro y de rechazar lo que no se resuelve en operaciones bien separadas: es la matemática.

Y ahora, puede empezar la acción. Un discurso, que es de un jefe, la precede y la anuncia. Y la batalla se dibuja.

¿De qué se trata? ¿Cuál es su objetivo?

Se trata de mostrar lo que puede un Yo. ¿Qué va a hacer ese Yo de Descartes?

Como no se da cuenta de sus límites, va a querer hacerlo todo, o rehacerlo todo. En primer lugar, tabla rasa. Todo cuanto no viene de Mí o no haya venido aún, todo ello no es sino palabras.

Por otra parte, junto a los problemas que he llamado naturales, desarrolla, en su combate por su claridad, aquella conciencia llevada hasta lo último a la cual llama su Método, y que ha conquistado magníficamente un imperio geométrico sin límites. Quiere extenderle a los fenómenos más diversos; va a rehacer toda la naturaleza, y he aquí que, para hacerla racional, despliega asombrosa fecundidad de imaginación. Lo cual corresponde perfectamente a un Yo cuyo pensamiento no quiere dejarse vencer por la variación de los fenómenos, por la diversidad misma de los medios y de las formas de vida...

Llevaría yo esta especie de análisis inventivo hasta preguntarme qué sería un Descartes que hubiese nacido en nuestra época. No es más que un juego.

Pero ¿qué tabla encontraría hoy para hacer de ella tabla rasa? Y ¿cómo se las arreglaría con una ciencia que se ha hecho imposible de abarcar, y que de aquí en adelante, depende de un material inmenso y que constantemente crece; una ciencia que está, en cierto modo, a cada instante en equilibrio móvil con los medios que posee?

Para esto, no hay respuesta. Mas me parece que estas preguntas tienen su valor.

El individuo viene a ser un problema de nuestro tiempo, la jerarquía de los entendimientos se está convirtiendo en una dificultad de nuestro tiempo, en el cual hay como un crepúsculo de semidioses, es decir de hombres diseminados en la duración y sobre la tierra, a los cuales debemos lo esencial de lo que llamamos cultura, conocimiento y civilización.

Por eso he insistido sobre la personalidad fuerte y temeraria del gran Descartes, cuya filosofía, tal vez, tiene menos precio para nosotros que la idea que nos presenta de un magnífico y memorable Yo.

Descartes y el "Discurso del método"

por Francisco Romero

Desde un punto de vista muy general, una gran época del pensamiento filosófico es el desarrollo y aplicación, hasta sus últimas consecuencias, de un haz de supuestos y prescripciones metódicas, de ciertos puntos de vista que acarrean especiales tendencias y procedimientos; cuando se agotan y son reconocidos insuficientes esos supuestos y métodos, se buscan otros, esto es, se inicia una nueva época. La filosofía de la Edad Media profesó una concepción de la realidad que aliaba las creencias del dogma cristiano a importantes materiales de la especulación griega: de la platónica y neoplatónica al comienzo, de la aristotélica después en su más largo trecho, con señalado predominio de la lógica de Aristóteles en los usos y manejos del pensamiento. La silogística se convirtió en el instrumento por excelencia de la averiguación, la exposición y la discusión filosóficas; los criterios de la revelación y la autoridad impusieron límites estrictos a la voluntad inquisitiva. Este sistema entra en crisis al final de la Edad Media y produce en el Renacimiento numerosas tentativas de renovación: se restauran muchas de las corrientes filosóficas de la Antigüedad, incluso, con nuevo sentido, la del aristotelismo, y a su lado se propugnan interpretaciones nuevas de la realidad de marcado tono panteísta (Giordano Bruno, Paracelso, Campanella). Al generalizarse la convicción de que los métodos medievales eran inadecuados para la conquista de la verdad, se impugna la eficacia de la silogística aristotélica, dominante en ellos, y se procura descubrir nuevos recursos metodológicos aptos para aprehender la realidad de manera directa y segura, sin suposiciones extrañas a la investigación misma. El Renacimiento proclama el derecho de la inteligencia al conocimiento de las cosas por sus propios medios, el libre ejercicio de las facultades humanas en la adquisición del saber; haber luchado denodadamente por ese derecho y esa libertad es una de sus glorias. En cuanto a los métodos de investigación y de pensamiento que luego pondrá en práctica la plena Edad Moderna, sólo serán establecidos al final del Renacimiento, por Bacon y Descartes.

Podemos distinguir idealmente tres disposiciones renacentistas del ánimo frente al fracaso o agotamiento del régimen medieval en lo tocante a la conquista y posesión del saber. Personificamos la primera en un eminente personaje de la ficción poética, porque la encarna con perfección. El Fausto de Goethe, representante en esto de un rechazo de la ciencia y la filosofía medievales que todavía ignora cómo reemplazarlas mediante averiguaciones firmes, no encuentra otro camino para sustituir las certidumbres perdidas que entregarse a los ilusorios poderes mágicos. Dice así, en un famoso monólogo, al principio del poema: "Filosofía, derecho y medicina; también, pobre de mí, estudié teología a fondo y con ardiente esfuerzo... Me llamo magister, me llamo doctor... Y veo que no podemos saber nada". Tras su amarga decepción, Fausto pacta con Mefistófeles para obtener de él la clave secreta que ha de poner en sus manos toda la ciencia y la felicidad del mundo. —Una actitud de transición, ésta histórica, es la del brillante escéptico Francisco Sánchez, quien se expresa así en su libro *Que nada se sabe* (1581): "Desde mi primera edad, aficionado a la contemplación de la naturaleza, dime a inquirir minuciosamente sus secretos, y aunque al principio mi espíritu, ávido de saber, solía contentarse con el primer manjar que de cualquier modo se le ofreciese, no se pasó mucho tiempo sin que, presa de grave indigestión, comenzase a arrojar fuera de sí tan mal condicionados alimentos. Comencé entonces a buscar algo que mi mente pudiera asimilar y comprender con facilidad y exactitud, algo en cuyo conocimiento y certidumbre hallara luz y reposo, mas nada encontré que a llenar viniera mis deseos. Revolví los libros de los autores pasados, interrogué a los presentes; cada cual decía una cosa distinta; ninguno me dio respuesta que del todo me satisficiese. Confieso que en algunos avizoré y entreví ciertas sombras y chispazos de verdad, pero ni uno solo me mostró, sincera y definitivamente, la verdad absoluta, ni aun me dio un juicio recto y desinteresado de las cosas. Entonces me encerré en mí mismo, y poniéndolo todo en duda y en suspenso, como si nadie en el mundo hubiese dicho jamás nada, empecé a examinar las cosas en sí mismas, que es la única manera de saber algo. Me remonté a los primeros principios, tomándolos como punto de arranque para la contemplación de los demás, y cuanto más pensaba más dudaba: nunca pude adquirir conocimiento perfecto". La posición de Sánchez se conserva escéptica, pero no deja de ofrecer costados positivos. Como luego lo hará Descartes para fundamentar un punto de partida absoluto, repara en la cabal certidumbre de nuestras percepciones íntimas en cuanto tales, esto es, como sucesos en el ánimo y no como representativas de algo exterior al sujeto ("estoy más cierto de que tengo apetito y voluntad, y que ahora pienso en esto, ahora huyo de aquello y lo detesto, que si viese un templo o un hombre...; de aquellas cosas que hay en nosotros o en nosotros se hacen, estamos ciertos de que existen en realidad"), y deriva después hacia una especie de empirismo, manteniendo la desconfianza, sin duda como repudio de los abusos de la silogística, respecto a los procedimientos meramente discursivos o racionales ("finalmente, si prescindes de lo que hay en nosotros o es hecho por nosotros, el más cierto conocimiento es el que se hace por los sentidos, y el más incierto de todos el que ocurre por el discurso; pues éste no es verdaderamente conocimiento, sino tanteo, duda, opinión, conjetura"). A pesar de su insistencia en la imposibilidad de un saber plenamente satisfactorio, sus conclusiones tienen mucho de afirmativo y no discrepan en lo esencial de las de la línea empirista que va de Bacon a Hume. ("Con todo, hay dos medios subsidiarios que no suministran ciencia perfecta, pero que, en suma, algo consiguen y algo enseñan: son la experiencia y el juicio. Pero nunca separados, sino en íntimo enlace y unión, como demostraré en otro libro. Los

experimentos son muchas veces falaces y siempre difíciles, y hasta cuando llegan a la perfección nunca nos muestran más que los accidentes extrínsecos, jamás la naturaleza de las cosas. El juicio recae sobre los resultados del experimento, y por consiguiente no traspasa los límites de lo exterior, y aun esto lo discierne de una manera incompleta, sin que sobre las causas pueda pasar de una probable conjetura. Se dirá que esto no es ciencia. Pues no hay otra.")
Sánchez merece ser contado entre los iniciadores de la metodología moderna, aunque no haya desarrollado aquellas agudas observaciones suyas que por un lado apuntan levemente a Descartes y por otro, con mayor decisión, a los planteos del *Novum Organum* y del empirismo en general. Por desgracia, no se detuvo en extraer las consecuencias de unas cuantas indicaciones afortunadas, que sólo han quedado destacándose como puntos luminosos sobre el fondo de sus negaciones. —La tercera actitud a que nos referíamos es la de Descartes, en la cual el reconocimiento de una situación de penuria en el conocimiento es únicamente el preámbulo de un enérgico esfuerzo constructivo. Vale la pena transcribir algunas de las consideraciones preliminares del *Discurso del método,* porque documentan una situación originaria curiosamente semejante a las de Fausto y Francisco Sánchez: "He sido nutrido en las letras desde mi infancia, y como se me persuadía de que mediante ellas se podía adquirir un conocimiento claro y seguro de cuanto es útil para la vida, tenía yo un deseo extremado de aprenderlas. Pero apenas hube terminado mis estudios, tras los cuales es uno admitido en la categoría de los doctos, cambié completamente de opinión, porque me hallé confundido

por tantas dudas y errores que me parecía que al procurar instruirme no había logrado otro provecho que descubrir cada vez más mi ignorancia... Por ello, en cuanto la edad me permitió salir de la sujeción de mis preceptores, abandoné por completo el estudio de las letras, y resolviéndome a no buscar otra ciencia que la que se pudiera hallar en mí mismo, o bien en el gran libro del mundo..."

Habíamos dicho al comienzo que una gran época del pensamiento es el desarrollo de un gran cuerpo de supuestos o convicciones y, correlativamente, de un método. Visto el asunto desde cierto ángulo, el acabamiento de la Edad Media es el agotamiento y descrédito del método escolástico. Durante el Renacimiento no se cree ya en la eficacia del método medieval, y afanosamente se buscan otros por varios puntos del horizonte: por ejemplo, Giordano Bruno, muy preocupado por la cuestión, imaginaba que el método reemplazante debía ser una mezcla de los artificios combinatorios de Raimundo Lulio y de mnemotécnica, y acabamos de ver los sensatos atisbos de Sánchez. El Renacimiento, que, filosóficamente, es un período de preparación y de transición, termina cuando la mente moderna descubre los métodos adecuados para llevar adelante una larga tarea, no como un conjunto disperso de intuiciones o adivinaciones, sino como un sistema compacto y fundado de normas metódicas, de seguras pautas para la investigación y la especulación. Ello se logra al final del Renacimiento, en dos direcciones diferentes y durante largo tiempo adversarias: en el sentido de la comprobación empírica y de la exigencia de no ir más allá de la elaboración de sus datos en las edificaciones filosóficas, y en el de establecer un nuevo estatuto para el uso de la razón y aplicarlo para nuevas construcciones metafísicas. Bacon y Descartes toman respectivamente a su cargo esas faenas, y con ambos nace propiamente la filosofía de la Edad Moderna, convirtiéndose así en los orígenes de las dos vertientes del pensamiento nuevo, hasta Kant: la del empirismo y la del racionalismo.

La corriente racionalista, inaugurada genialmente por Descartes, predomina durante el siglo XVII y produce las construcciones más imponentes de la filosofía de la centuria. Tras Descartes, numen del siglo y que impone su sello no solamente al pensamiento filosófico sino también a otros aspectos de la cultura de la época, ilustran el racionalismo una serie de pensadores insignes: Spinoza, Malebranche, Leibniz, Wolff; en todos ellos es evidente la ascendencia cartesiana. Cada uno de los próceres del racionalismo se singulariza por la índole de su personalidad, por sus individuales propensiones, por el carácter de su función y de su influjo. Descartes es el hombre resueltamente teórico, el puro filósofo y hombre de ciencia sugestionado por la claridad matemática. Spinoza, "ebrio de Dios", según la bella fórmula de Novalis, introduce en los marcos racionales un panteísmo que procura fundamentar y desenvolver al modo geométrico. Malebranche se esfuerza en aproximar el cartesianismo a la fe cristiana, y traslada a la mente divina el mundo platónico de las ideas. Leibniz, espíritu universal, defiende el racionalismo contra las impugnaciones de Locke, desarrolla una vasta actividad científica y emprende una grandiosa organización del saber. Wolff, menor en la jerarquía intelectual, sistematiza laboriosamente las tesis racionalistas y las incorpora a la común cultura académica de la época. A Descartes deben sus sucesores el impulso primero y decisivo. Muy diversos entre sí, cada uno frecuenta problemas que le son peculiares y transita por su propio camino, sin dejar de descubrir la común filiación por la implantación de todos en una gran base unitaria, en la convicción de que la facultad suprema de conocimiento es la razón, tanto por contenerse en ella los primeros principios como por disponer de los recursos para extraer de ellos las verdades particulares. Pero hay otro motivo sumamente importante para tener a Descartes por el padre de la filosofía moderna, y es que algunas de las principales líneas de problemas que la alimentan y obligan a casi todos los pensadores de esa larga etapa a tomar posición y ofrecer respuestas, brotan visiblemente de los planteos cartesianos, componiendo itinerarios que concurren en Kant y hallan en él memorables soluciones. Con Kant se cierra la Edad Moderna, sin que la culminación que en él logran, con la adquisición de una postura original, los impulsos del racionalismo instaurado por Descartes y los provenientes de la crítica empirista, signifique que esas dos direcciones dejen de seguir proporcionando materiales y estímulos al pensamiento posterior.

René Descartes (1596-1650), vástago de una familia distinguida y acomodada de militares y magistrados, nació en La Haye, pequeña ciudad de la Turena, Francia; a poco de su nacimiento falleció la madre. Como era débil y enfermizo, el padre hubo de renunciar pronto a su propósito de que siguiera la carrera de las armas. La vocación intelectual se manifestó en él bien temprano; desde su primera edad fue meditativo y acuciado por una curiosidad insaciable. A los ocho años fue enviado al colegio de jesuitas de La Flèche, donde cursó los estudios literarios comunes en la época y recibió las habituales enseñanzas del escolasticismo aristotélico. Por el estado precario de su salud, se le consentían excepciones a la disciplina escolar y largos ocios que favorecieron en él el hábito de la reflexión solitaria, y a partir de entonces adquirió la costumbre de un trabajo regular pero moderado y un descanso abundante, régimen que llegó a juzgar el más adecuado para una faena intelectual productiva. En el colegio de La Flèche permaneció hasta 1612; a continuación se entregó ya más libremente a estudios filosóficos y científicos, con señalada predilección por los matemáticos, en los que tanto llegó a distinguirse. Se trasladó a París a los dieciséis años y llevó en la gran ciudad una vida agitada y mundana; inició en Poitiers estudios de derecho, pero los interrumpió y se dedicó a frecuentar "el gran libro del mundo", buscando oportunidades para conocer por experiencia directa gentes y países diversos. Se alistó como voluntario, en Holanda, en el ejército del príncipe Mauricio de Nassau (1618), que contaba con un equipo de matemáticos e ingenieros, y después (1619) en el del Elector Maximiliano de Baviera (comienzos de la guerra de los Treinta Años), y en todo este tiempo, aun entre el tráfago guerrero, llevó adelante sus meditaciones y trabajos; uno de sus períodos de esfuerzo intelectual más intenso fue durante una pausa invernal de las operaciones militares, recluido en una caldeada habitación de Neuberg, sobre el Danubio, donde sus ideas se aclararon y organizaron, y se le hicieron patentes, como él dice, "los fundamentos de una ciencia admirable" (10 de noviembre de 1619). Visitó París, realizó una serie de viajes con fines de instrucción, y residió durante veinte años en Holanda, país propicio en esa sazón, más que otro alguno de Europa, al sereno aislamiento del sabio y a la libertad científica; a veces cambiaba el lugar de su residencia para mantenerse oculto y proseguir sus investigaciones sin impedimentos. Ajeno a cualesquiera preocupaciones e intereses que no fueran los puramente intelectuales, llevó vida retraída en extremo, manteniendo intercambio epistolar con filósofos y científicos y también con algunas mujeres distinguidas aficionadas a la filosofía. La reina Cristina de Suecia, una de sus más entusiastas admiradoras, lo invitó a trasladarse a su corte de Estocolmo, y allí falleció no mucho después de su llegada, víctima del rigor del clima, el 11 de febrero de 1650.

Durante su vida aparecieron los siguientes escritos suyos: El *Discurso del método* (en francés), especie de tratado metódico preliminar al que acompañaban tres importantes estudios científicos: *Dióptrica, Meteoros* y *Geometría* (1637); *Meditaciones metafísicas,* con las observaciones críticas de varios filósofos y teólogos (en latín, 1641); *Principios de la filosofía,* exposición sistemática de su doctrina (en latín, 1644), y *Las pasiones del alma* (en francés, 1649). Dejó abundantes trabajos inéditos, publicados después de su muerte unos por separado y otros en diversas recopilaciones, de los cuales son los principales el *Tratado del hombre, El mundo o tratado de la luz* (cuya preparación había suspendido al enterarse de la condena de Galileo) y las *Reglas para la dirección del espíritu* (que, juntamente con el *Discurso del método,* consignan los principios y normas de su metodología).

La exposición en detalle de la filosofía de Descartes estaría fuera de lugar en esta sumaria introducción al *Discurso.* Nos limitaremos a señalar algunos de sus rasgos más prominentes. La definen el intento de encontrar un riguroso punto de partida para el filosofar que lo asiente sobre bases indiscutibles; el hallazgo de los principios fundamentales del conocimiento; el establecimiento, a partir de ellos, de las primeras nociones metafísicas, y la subsiguiente deducción de las nociones subalternas, todo mediante un estricto proceso racional. Significación capital en el sistema asumen las *ideas innatas,* existentes en la mente del sujeto, previas a cualquier experiencia y de alcance absoluto, y la separación de la realidad en *sustancia pensante,* o anímica, y *sustancia extensa,* o material; el pensamiento y la extensión, respectivamente, son, por lo tanto, los atributos esenciales de las dos secciones de la realidad, y de ellos derivan todos sus otros comportamientos y propiedades. Más allá de lo concerniente a la fundamentación del conocimiento y a la metafísica general o doctrina fundamental de las dos sustancias, lo más cuidadosamente desarrollado en la filosofía de Descartes es la teoría (a un tiempo metafísica y científica) de la sustancia extensa, esto es, la doctrina física, que ocupa la mayor parte de los *Principios de la filosofía:* esto ha llevado a algunos críticos a sostener la muy discutible tesis de que el fin principal de Descartes ha sido la fundamentación de la nueva ciencia natural exacta. Menor es la elaboración de su doctrina psicológica, contenida sobre todo en *Las pasiones del alma;* en cuanto a la ética, fuera de algunas indicaciones en el *Discurso* y en *Las pasiones,* sus puntos de vista han de buscarse en sus cartas a la princesa Elisabeth y en alguna a la reina Cristina. El filósofo, el físico y el matemático coincidieron en él para convertirlo en el principal entre los fundadores de la interpretación mecánica de la realidad, concepción verdaderamente grandiosa que, apoyada por la adhesión de pensadores eminentes y por los descubrimientos de Galileo, Newton y muchos otros investigadores, se impuso como la base por excelencia de la visión racional de la naturaleza y el supuesto de toda apreciación científica del cosmos, hasta su crítica y corrección por la revolución científica ocurrida en nuestro siglo. Como matemático sus méritos son sobresalientes, y entre otros descubrimientos se le debe el de la geometría analítica.

El *Discurso del método* se divide en seis partes. En la primera, algo así como una autobiografía intelectual esquemática de su juventud, se refiere Descartes a sus estudios, a su insatisfacción ante el saber recibido y a sus dudas sobre las disciplinas aprendidas; confiesa el aprecio que sentía por las matemáticas, pero pone en cuestión el sentido con que eran enseñadas: "Gustaba sobre todo de las matemáticas, por la certeza y evidencia que poseen sus razones; pero aún no advertía cuál era su verdadero uso y, pensando que sólo para las artes mecánicas servían, extrañábame que, siendo sus cimientos tan firmes y sólidos, no se hubiese construido sobre ellas algo más levantado". Aquí hay un adelanto de la significación que otorgará a este tipo de conocimiento, que le servirá de modelo o de ideal en lo sucesivo. La filosofía no lo contentaba por la multitud de opiniones, y en cuanto a las otras ciencias, que, según su parecer, deben tener su sustentáculo último en la filosofía, no las creía muy valederas porque sobre tan débiles cimientos no se podía edificar nada firme. Cuenta su resolución de no buscar otra ciencia que la que pueda hallar en sí mismo y en el gran libro del mundo, recuerda sus viajes y termina con la vuelta hacia sí mismo y la indagación de un método seguro: "Mas cuando hube pasado varios años estudiando en el libro del mundo y tratando de adquirir alguna experiencia, resolvíme un día a estudiar también en mí mismo y a emplear todas las fuerzas de mi espíritu en la elección de la senda que debía seguir; lo cual me resultó mucho mejor, según creo, que si no me hubiera alejado nunca de mi tierra y de mis libros". Con esto estamos a las puertas de su filosofía, que se inicia con la rebusca de las primeras e indubitables certezas en el fondo de la propia intimidad. En la segunda parte, tras nuevas observaciones sobre su estado de ánimo y primeros estudios, declara su franca resolución de establecer un método que eluda las incertidumbres de los practicados hasta entonces, y enuncia las cuatro famosas reglas, que dicen así, en resumen: no admitir como verdadero sino lo evidente; dividir cada dificultad en tantas partes como fuere posible; conducir ordenadamente los pensamientos, de lo más simple a lo más complicado, y hacer recuentos completos o revisiones tan generales que se llegue a estar persuadido de no haber omitido nada. Nótese que Descartes, de acuerdo con la tónica general del *Discurso,* no presenta estas reglas como un sistema objetivo de preceptos, sino que meramente dice que se las propuso a sí mismo como el mejor medio para alcanzar la verdad. La tercera parte contiene las reglas de conducta práctica y de moral a que decidió ajustarse durante el lapso de su reconstrucción filosófica, porque "para empezar a reedificar el alojamiento donde uno habita, no basta haberlo derribado y haber hecho acopio de materiales y de arquitectos, o haberse ejercitado uno mismo en la arquitectura y haber trazado además cuidadosamente el diseño del nuevo edificio, sino que también hay que proveerse de alguna otra habitación en donde pasar cómodamente el tiempo que dure el trabajo". La cuarta parte expone ya, concretamente, el punto de arranque de su filosofía, el "pienso, luego existo", tema capital examinado también, con algunas variantes, en las *Meditaciones metafísicas* y en *Los principios de la filosofía*, y discute algunos puntos esenciales de su metafísica (cuyo desarrollo cabal está en las *Meditaciones*); examinando a continuación, en la quinta, cuestiones más especiales de cosmología y biología. En la sexta predomina el tono personal, con anotaciones sobre sus trabajos y los motivos que lo condujeron a no proseguir o no publicar algunos.

El *Discurso* es uno de los hitos en la marcha del espíritu humano, tanto desde el punto de vista filosófico como del histórico. Al proponerse Husserl en nuestros días una total reconstrucción filosófica, ha vuelto la mirada a los temas de las *Meditaciones metafísicas* de Descartes —muchos de ellos enunciados por primera vez en el *Discurso*— para repensarlos y reajustarlos, juzgando que el encadenamiento de ideas que exponen es ejemplar y puede servir de modelo para una instauración actual del saber filosófico que le atribuya rigor y solidez.[1] Históricamente, el *Discurso* afirma con terminante decisión la voluntad del hombre moderno de prescindir en adelante de toda tutela intelectual, de no supeditarse a imposiciones ni criterios externos. Con firmeza y serenidad, reivindica y proclama la autonomía de la inteligencia, sin la cual la dignidad y libertad del hombre no sólo son incompletas, sino inexistentes.

---

[1] Véase Francisco Romero, "Husserl y Descartes", en el volumen *Filosofía contemporánea*, Losada, Buenos Aires, 3ª edición, 1953.

Orientación bibliográfica

La mejor y más completa edición de Descartes es la de Adam y Tannery (1897-1910), en 12 volúmenes. – *Discours de la méthode, texte et commentaire,* par E. Gilson. París, Vrin, 1930 (la más reputada edición del *Discurso,* con extensas notas históricas y críticas). – *Discurso del método. Edición bilingüe.* Traducción, estudio preliminar y notas de R. Frondizi. Ediciones de la Universidad de Puerto Rico. Revista de Occidente, Madrid, 1954.

E. BRÉHIER, *Historia de la filosofía.* Editorial Sudamericana, 4ª edición, Buenos Aires, 1956. – W. WINDELBAND, *Historia de la filosofía moderna.* Nova, Buenos Aires, 1951. – F. ROMERO, *Historia de la filosofía moderna.* Fondo de Cultura Económica, México, 1959. – F. JODL, *Historia de la filosofía moderna.* Losada, Buenos Aires, 1951. – O. HAMELIN, *El sistema de Descartes.* Losada, Buenos Aires, 1949. – E. CASSIRER, *El problema del conocimiento,* I. Fondo de Cultura Económica. México, 1953. – F. ROMERO, "Descartes en la filosofía y en la historia de las ideas" y "Sobre la oportunidad histórica del cartesianismo", en el volumen *Estudios de historia de las ideas*. Losada, Buenos Aires, 1953.

Para más indicaciones bibliográficas, acúdase a la *Historia de la filosofía* de Bréhier, citada antes, y al *Diccionario de filosofía* de J. Ferrater Mora, 4ª edición, Editorial Sudamericana, Buenos Aires, 1958; artículos "Racionalismo", "Filosofía moderna" y "Descartes".

Discurso del método

PARA BIEN CONDUCIR LA RAZÓN Y BUSCAR LA VERDAD EN LAS CIENCIAS

Si este discurso parece demasiado largo para ser leído todo de una vez, podrán distinguirse en él seis partes. Y, en la primera, se hallarán diversas consideraciones acerca de las ciencias. En la segunda, las principales reglas del método que el autor ha buscado. En la tercera, algunas de las de la moral que él ha sacado de este método. En la cuarta, las razones mediante las cuales prueba la existencia de Dios y del alma humana, que son los fundamentos de su metafísica. En la quinta, el orden de las cuestiones de física que él ha buscado, y en particular la explicación del movimiento del corazón y algunas otras dificultades que pertenecen a la medicina, y luego también la diferencia que hay entre nuestra alma y la de las bestias. Y en la última, qué cosas cree él que se requieren para ir en la investigación de la naturaleza más adelante de lo que ha estado, y qué razones lo han hecho escribir.

Primera parte

El buen sentido es la cosa mejor distribuida en el mundo, pues cada cual piensa estar tan bien provisto de él que aun aquellos que son más difíciles de contentar en cualquier otra cosa, no suelen desear más del que tienen. No es verosímil que todos se equivoquen en eso, antes bien, eso acredita que la potencia de juzgar bien y distinguir lo verdadero de lo falso —que es propiamente lo que se denomina buen sentido o razón— es por naturaleza igual entre todos los hombres, y así la diversidad de nuestras opiniones no viene de que unos sean más razonables que los demás, sino solamente de que conducimos nuestros pensamientos por caminos diferentes, y no consideramos las mismas cosas. En efecto, no basta tener un buen entendimiento, sino que lo principal es aplicarlo bien. Las almas más grandes son capaces de los más grandes vicios, como también de las más grandes virtudes; y los que no caminan sino muy lentamente, si siguen siempre el camino recto, pueden adelantar mucho más que los que corren y se apartan de él.

En cuanto a mí, jamás presumí que mi espíritu fuera en nada más perfecto que el del común de las gentes; aun a menudo deseé tener el pensamiento tan pronto, o la imaginación tan nítida y distinta, o la memoria tan amplia, como algunos otros. Y no sé de otras cualidades que éstas que sirvan a la perfección del espíritu, puesto que respecto de la razón, o el sentido, siendo la única cosa que nos hace hombres y nos distingue de las bestias, quiero creer que está entera en cada uno de nosotros, y seguir en esto la opinión común de los filósofos, que dicen que el más y el menos existen solamente entre los *accidentes*, y no entre las *formas*, o naturaleza, de *individuos* de una misma especie.

Mas yo no temeré decir que piense haber tenido mucha suerte por haberme encontrado, desde mi juventud, en ciertos caminos que me condujeron a consideraciones y máximas con que formé un método mediante el cual me parece que tengo medios de aumentar por grados mi confianza y elevarla poco a poco al punto más alto al cual le permitirán llegar la mediocridad de mi espíritu y la breve duración de mi vida. En efecto, he recogido ya tales frutos que, aun cuando en los juicios que hago de mí mismo, trato siempre de inclinarme del lado de la desconfianza antes que del de la presunción, y que, mirando con ojos de filósofo las diversas acciones y empresas de todos los hombres, no hay casi ninguna que me parezca vana e inútil, no dejo de recibir una extrema satisfacción del progreso que pienso haber hecho ya en la búsqueda de la verdad, y de concebir para el porvenir tales esperanzas que si, entre las ocupaciones de los hombres puramente hombres, alguna hay que sea sólidamente buena e importante, me atrevo a creer que es la que he elegido.

Sin embargo, cabe que me equivoque, y acaso no sea más que un poco de cobre y vidrio lo que yo tomo por oro y diamante. Sé cuán sujetos estamos a equivocarnos en lo que nos afecta, y hasta qué punto deben ser sospechosos para nosotros los juicios de nuestros amigos cuando nos son favorables. Pero estaría muy satisfecho si, en este discurso, hiciera ver cuáles son los caminos de que huí y representar en él mi vida como un cuadro, a fin de que cada cual pueda juzgarla, y enterándome por el rumor común de las opiniones que merezca, será un nuevo medio de instruirme que añadiré a los que suelo emplear.

Por consiguiente, no es mi propósito enseñar aquí el método que cada cual deba seguir para conducir bien su razón, sino solamente hacer ver de qué modo traté de conducir la mía. Los que se lanzan a dar preceptos, deben juzgarse más hábiles que aquellos a quienes los dan; y si fallan en lo más mínimo, merecen ser censurados por ello. Pero como no propongo este escrito sino a modo de historia, o si preferís de fábula, en que, entre algunos ejemplos que cabe imitar, se hallarán también otros que habría motivos para no seguir, espero que será útil a algunos sin ser nocivo para nadie, y que todos me agradecerán mi franqueza.

Me nutrí en las letras desde mi infancia, y puesto que me persuadían de que mediante ellas se podía adquirir un conocimiento claro y seguro de todo lo que es útil para la vida, yo tenía fuerte deseo de aprenderlas. Mas no bien hube terminado todo ese curso de estudios, al final del cual se suele ser recibido en el rango de los doctos, cambié enteramente de opinión. Pues me sentía entorpecido con tantas dudas y errores, que me parecía que, tratando de instruirme, lo único que había logrado era descubrir cada vez más mi ignorancia. Y, no obstante, estaba yo en una de las más célebres escuelas de Europa, donde pensaba que si en algún lugar de la tierra había hombres sabios, debía ser allí. Yo había aprendido en ella todo lo que aprenden los demás, y aún, no contento con las ciencias que nos enseñaban, había recorrido todos los libros que trataban de las que se tienen por más curiosas y más raras, que pudieran caer en mis manos. Con eso, sabía los juicios que los demás se hacían de mí, y no veo que se me considerara inferior a mis condiscípulos, a pesar de que entre ellos había ya algunos a quienes se destinaba a ocupar los lugares de nuestros maestros. Y, por último, nuestro siglo me parecía tan floreciente, y tan fértil en espíritus buenos, como lo fuera ninguno de los precedentes. Eso me hacía tomar la libertad de juzgar a todos los demás por mí, y de pensar que no había en el mundo doctrina alguna que fuese como la que antes me habían hecho esperar.

Sin embargo, yo no dejaba de apreciar los ejercicios en que se ocupan en las escuelas. Sabía que las lenguas que se aprenden en ellas son necesarias para la comprensión de los libros antiguos; que la gentileza de las fábulas despierta el espíritu; que las acciones memorables lo elevan y que, leídas con discreción, ayudan a formar el juicio; que la lectura de libros buenos es como una conversación con las gentes más probas de los siglos pasados, y aun una conversación estudiada, en la cual sólo nos descubren sus mejores pensamientos; que la elocuencia tiene fuerzas y bellezas incomparables; que la poesía tiene delicadezas y dulzuras muy seductoras; que las matemáticas tienen invenciones muy sutiles, y que pueden servir mucho, tanto para satisfacer a los curiosos como para facilitar todas las artes y disminuir el trabajo de los hombres; que los escritos que tratan de las costumbres contienen diversas enseñanzas y varias exhortaciones a la virtud que son muy útiles; que la teología enseña a ganar el cielo; que la filosofía da el medio de hablar con verosimilitud de todas las cosas y de hacerse admirar de los menos sabios; que la jurisprudencia, la medicina y las demás ciencias proporcionan honores y riquezas a quienes las cultivan; y, por último, que es bueno haberlas examinado todas, aun las más supersticiosas y las más falsas, con objeto de conocer su valor justo y abstenerse de ser engañado por ellas.

Pero creía que había dedicado ya bastante tiempo a las lenguas, y asimismo a la lectura de los libros antiguos, y a sus historias y a sus fábulas. Pues casi es lo mismo conversar con los hombres de otros siglos que viajar. Es bueno saber algo de las costumbres de los diversos pueblos, a fin de juzgar de las nuestras más cuerdamente, y de que no pensemos que todo lo que esté contra nuestros modos sea ridículo y contra razón como suelen hacer quienes nada vieron. Pero cuando se invierte demasiado tiempo en viajar, se acaba siendo extranjero en su país; y cuando se es demasiado curioso de lo que se practica en los siglos pasados, se suele permanecer harto ignorante de lo que se practica en éste. Eso sin decir que las fábulas hacen imaginar como posibles varios acaecimientos que no lo son; y aun las historias más fieles, si no alteran ni aumentan el valor de las cosas para hacerlas más dignas de ser leídas, por lo menos omiten siempre las circunstancias más bajas y menos ilustres; de ahí que el resto no parezca tal como es, y que quienes rigen sus costumbres por los ejemplos que toman de esas historias, están expuestos a caer en las extravagancias de los paladines de nuestras novelas y a concebir designios superiores a sus fuerzas.

Yo apreciaba mucho la elocuencia y estaba enamorado de la poesía; pero pensaba que una y otra eran dones del espíritu más que frutos del estudio. Quienes tienen el razonamiento más fuerte y dirigen mejor sus pensamientos, a fin de hacerlos más claros e inteligibles, pueden convencer siempre mejor de lo que proponen, aunque sólo hablen bajo bretón y no hayan aprendido jamás la retórica. Y quienes tengan las invenciones más agradables y las sepan expresar con mayor ornato y dulzura, no dejarán de ser los mejores poetas aunque les sea desconocida el arte poética.

A mí me gustaban sobre todo las matemáticas, a causa de la certidumbre y evidencia de sus razones; mas no advertía aún su verdadero uso y, pensando que sólo servían para las artes mecánicas, me asombraba de que, siendo tan firmes y sólidos sus fundamentos, no se hubiera edificado sobre ellas algo más elevado. Como, por el contrario, yo comparaba los escritos de los antiguos paganos, que tratan de las costumbres, a palacios muy soberbios y muy magníficos, que sólo estaban edificados sobre arena y sobre barro; elevan muy en alto las virtudes y las hacen parecer estimables por encima de todas las cosas que hay en el mundo; pero no enseñan bastante a conocerlas, y a menudo lo que designan con un nombre tan hermoso no es sino insensibilidad, orgullo, desesperación o parricidio.

Yo respetaba nuestra teología y pretendía ganar el cielo como cualquier otro; pero habiéndome enterado, como cosa muy segura, de que el camino no está menos abierto a los más ignorantes que a los más doctos, y que las verdades reveladas que conducen a él, están por encima de nuestra inteligencia, yo no me habría atrevido a someterlas a la endeblez de mis razonamientos, y pensaba que, para ponerse a examinarlas y con éxito, era preciso tener alguna asistencia extraordinaria del cielo y ser más que hombre.

No diré de la filosofía sino que, viendo que fue cultivada por los más excelentes espíritus que vivieron desde hace siglos y que, no obstante, no se encuentra todavía cosa alguna de que no se discuta y, en consecuencia, que no sea dudosa, yo no tenía bastante presunción para esperar encontrar algo mejor que los demás; y que, considerando cuántas opiniones distintas puede haber sobre una misma materia, sostenidas por personas doctas sin que pueda haber nunca sino una verdadera, yo tenía casi por falso todo lo que no era más que verosímil.

Luego, para las demás ciencias, dado que toman sus principios de la filosofía, yo juzgaba que no podía haberse edificado nada que fuera sólido sobre fundamentos tan poco firmes. Y ni el honor ni el provecho que prometían eran suficientes para inducirme a aprenderlas, pues, gracias a Dios, no me sentía en un estado que me obligara a hacer de la ciencia un oficio para aliviar mi fortuna; y aunque no profesaba por la gloria el desprecio de un cínico, me interesaba bien poco la que yo no esperaba poder adquirir sino con falsos títulos. Y, por último, respecto de las malas doctrinas, yo pensaba conocer ya bastante lo que valían, para no estar expuesto a ser engañado, ni por las promesas de un alquimista, ni por las predicciones de un astrólogo, ni por las imposturas de un mago, ni por los artificios o la jactancia de quienes presumen saber más de lo que saben.

Por esto es por lo que, no bien la edad me permitió salir de la sumisión a mis preceptores, abandoné por completo el estudio de las letras. Y habiendo resuelto no buscar otra ciencia que la que se pudiera hallar en mí mismo o bien en el gran libro del mundo, empleé el resto de mi juventud en viajar, en ver cortes y ejércitos, en frecuentar personas de diversos humores y condiciones, en recoger diversas experiencias, en ponerme a prueba a mí mismo en los casos que la fortuna me ponía delante y, en todas las ocasiones, a hacer sobre las cosas que se presentaban una reflexión tal que de ellas pudiera sacar algún provecho. Pues me parecía que en los razonamientos que cada cual hace sobre los asuntos que le importan, y cuyo resultado ha de castigarlo sin tardar mucho si ha juzgado mal, podía encontrar yo mucha más verdad que en los que hace un hombre de letras en su gabinete sobre las especulaciones que no producen efecto alguno y que no tienen otra consecuencia sino, tal vez, que sacará de ellas tanta más vanidad cuanto más alejadas estén del sentido común, puesto que habrá debido emplear tanto más espíritu y artificio para tratar de hacerlas verosímiles. Y yo sentía siempre un vivo deseo de aprender a distinguir lo verdadero de lo falso, para ver claro en mis acciones y caminar con seguridad en esta vida.

Bien es verdad que, mientras no hacía sino considerar las costumbres de los demás hombres, yo no hallaba nada que me tranquilizara y que notaba en ellas tanta diversidad como antes me había ocurrido con las opiniones de los filósofos. De suerte que el mayor provecho que obtuve de esto fue que, viendo varias cosas que, aun pareciéndonos extravagantes y ridículas, no dejan de ser corrientemente recibidas y aprobadas por otros grandes pueblos, aprendí a no creer tan firmemente nada de lo que no me hubiera convencido más que por el ejemplo y la costumbre; y así fui librándome poco a poco de muchos errores que pueden ofuscar nuestra luz natural y hacernos menos capaces de entender razones. Pero después de haber invertido algunos años en estudiar así en el libro del mundo, y en tratar de adquirir alguna experiencia, un día tomé la resolución de estudiar también en mí mismo y emplear todas las fuerzas de mi espíritu en elegir los caminos que yo debía seguir. Lo cual me salió mucho mejor —me parece— que si nunca me hubiera alejado de mi país ni de mis libros.

Segunda parte

Me hallaba entonces en Alemania, adonde me había llamado la ocasión de guerras que todavía no han terminado, y al volver al ejército después de la coronación del emperador, el comienzo del invierno me hizo detener en un lugar donde, no encontrando ninguna conversación que me divirtiera y, por otra parte, no teniendo afortunadamente preocupaciones ni pasiones que me turbaran, permanecía todo el día encerrado solo al lado de la estufa, donde tenía todo el ocio para entretenerme con mis pensamientos. Entre ellos, uno de los primeros fue que se me ocurrió considerar que a menudo en las obras compuestas de varias piezas y hechas por la mano de diversos maestros no hay tanta perfección como en aquellas en que sólo ha trabajado uno. Es así como se ve que los edificios que un solo arquitecto emprendió y terminó, suelen ser más hermosos y mejor ordenados que aquellos que muchos trataron de restaurar utilizando antiguos muros construidos para otros fines. Así, esas antiguas ciudades que, no habiendo sido sino burgos al principio, con el tiempo llegaron a ser grandes ciudades, están de ordinario tan mal equilibradas, en comparación con esos sitios regulares que un ingeniero proyecta a su fantasía en un llano, que si bien considerando aparte cada uno de sus edificios se encuentra a menudo en ellos tanto o más arte que en los demás, viendo empero cómo están dispuestos, aquí uno grande, allí uno pequeño, y cómo las calles resultan tortuosas y desiguales, se diría que quien así las dispuso fue más bien la fortuna que la voluntad de algunos hombres dotados de razón. Y si se considera que, no obstante, en todo tiempo ha habido funcionarios encargados de cuidar de que los edificios privados sirvieran de ornato público, se comprenderá bien que es incómodo hacer cosas bien acertadas cuando se trabaja solamente sobre las obras de otro. Así, me imaginé que los pueblos que, habiendo sido antaño semisalvajes y habiéndose civilizado sólo paulatinamente, no hicieron sus leyes sino a medida que a ello les obligó la incomodidad de los crímenes y querellas, no pueden estar tan bien regidos como aquellos que desde el primer momento se reunieron y observaron las constituciones de algún legislador prudente. Como es bien cierto que el estado de la verdadera religión, cuyas ordenanzas sólo Dios hizo, debe estar incomparablemente mejor regido que todos los demás. Y hablando de las cosas humanas, creo que si Esparta fue en tiempos muy floreciente, no fue a causa de la bondad de cada una de sus leyes en particular, dado que varias eran bastante peregrinas y aun contrarias a las buenas costumbres, sino porque, habiendo sido inventadas por uno solo, tendían todas al mismo fin. Y así pensaba yo que las ciencias de los libros, por lo menos aquellas cuyas razones no son más que probables y que no tienen demostraciones, habiendo sido compuestas y aumentado poco a poco de las opiniones de varias diversas personas, no están tan cerca de la verdad como los razonamientos simples que puede hacer naturalmente un hombre de buen sentido sobre las cosas que se presentan. Y así pensaba yo aún que, habiendo sido todos nosotros niños antes de ser hombres, y que nos ha sido necesario ser regidos por nuestros apetitos y nuestros preceptores, a menudo contrarios unos a otros, y que ni unos ni otros quizá nos aconsejaban siempre lo mejor, es casi imposible que nuestros juicios sean tan puros ni tan sólidos como si desde el momento de nuestro nacimiento hubiésemos estado en el uso entero de nuestra razón y nunca hubiésemos sido conducidos sino por ella.

Bien es verdad que no vemos que se echen abajo todas las casas de una ciudad con el solo propósito de rehacerlas de otro modo y de hacer las calles más hermosas; pero sí se ve que muchos hacen derribar las suyas para reconstruirlas y que aun a veces se ven obligados a hacerlo cuando están en peligro de caerse por sí mismas y cuando los cimientos no son muy firmes. A ejemplo de eso, me convencí de que realmente no tendría justificación que un particular concibiera el propósito de reformar un Estado cambiándolo todo desde los fundamentos y derribándolo para volverlo a levantar; ni aun tampoco reformar el cuerpo de las ciencias o el orden establecido en las escuelas para enseñarlas; pero que, respecto de todas las opiniones que yo había recibido hasta entonces en mi creencia, yo no podía hacer mejor que acometer de una vez la tarea de eliminarlas, a fin de poner en su lugar después, o bien otras mejores, o bien las mismas, cuando yo las hubiera ajustado al nivel de la razón. Y yo creí firmemente que, por este medio, lograría conducir mi vida mucho mejor que limitándome a construir sobre viejos cimientos y apoyándome solamente en principios que me había dejado inculcar en mi juventud sin haber examinado nunca si eran verdaderos. Pues, aunque yo notara en eso diversas dificultades, no eran empero insalvables ni podían compararse a aquellas con que se tropieza en la reforma de las menores cosas que afectan a lo público. Esos grandes cuerpos son harto difíciles de volver a levantar una vez derribados, o aun a apuntalar cuando se tambalean, y sus caídas sólo pueden ser muy violentas. Luego, por lo que respecta a sus imperfecciones, si las tienen, como la sola diversidad que existe entre ellos basta para asegurar que muchos las tienen, sin duda el uso las ha atenuado mucho; y además ha evitado o corregido imperceptiblemente gran cantidad que con la prudencia no se habrían subsanado tan bien. Y, por último, son casi siempre más soportables de lo que se lograría cambiándolas: del mismo modo como los grandes caminos, que serpentean entre montañas, poco a poco van uniéndose y haciéndose tan cómodos, a fuerza de ser frecuentados, que es mucho mejor seguirlos que tratar de ir por lo recto subiendo por las rocas y descendiendo hasta el fondo de los precipicios.

Por esto es por lo que no podría aprobar en modo alguno esos temperamentos perturbadores e inquietos que, no habiendo sido llamados al manejo de la cosa pública por su nacimiento ni por su fortuna, no pasan un momento sin hacer en ella, en idea, alguna nueva reforma. Y si pensara que en este escrito hubiera la menor cosa que permitiera sospechar que yo tengo tal locura, me sentiría muy contrariado de permitir que se publicara. Mi intención no fue nunca más lejos que tratar de reformar mis propios pensamientos y de edificarlos sobre unos cimientos totalmente míos. Que si, habiéndome gustado mi obra, os hago ver aquí el modelo, esto no significa que yo aconseje a nadie que lo imite. Aquellos a quienes Dios distribuyó mejor sus gracias, tendrán quizá propósitos más elevados, pero me temo mucho que éste no sea ya demasiado atrevido para muchos. La sola resolución de desprenderse de todas las opiniones que uno ha recibido antes en su creencia, no es un ejemplo que cada cual deba seguir; y el mundo casi se compone solamente de dos clases de espíritus a quienes no conviene en modo alguno, a saber: los que, creyéndose más hábiles de lo que son, no pueden menos que precipitar sus juicios ni tienen paciencia suficiente para llevar por orden todos sus pensamientos: de donde resulta que, si una vez se hubieran tomado la libertad de dudar de los principios que recibieron y apartarse del camino común, jamás podrían seguir el camino que es preciso tomar para ir más derecho, y permanecerían extraviados toda su vida; luego, aquellos que, teniendo bastante razón o modestia para juzgar que son menos capaces de distinguir lo verdadero de lo falso que aquellos otros por los cuales pueden ser instruidos, deben contentarse más bien siguiendo las opiniones de estos otros en lugar de buscar otras mejores por sí mismos.

En cuanto a mí, sin duda habría figurado en el número de estos últimos si nunca hubiera tenido más que un solo maestro, o si no hubiese sabido las diferencias que en todas las épocas ha habido entre las opiniones de los más doctos. Pero habiendo aprendido desde el colegio que no se puede imaginar nada tan peregrino y poco creíble que no haya sido dicho por algún filósofo; y después, viajando, al reconocer que todos los que tienen sentimientos muy contrarios a los nuestros, no por eso son bárbaros ni salvajes, antes bien, muchos usan de razón tanto o más que nosotros; y habiendo considerado cómo un mismo hombre, con su mismo espíritu, de haber sido criado desde su infancia entre franceses o alemanes, resulta diferente de lo que sería si hubiese vivido entre chinos o caníbales; y cómo, aun en las modas de nuestros trajes, lo mismo que nos gustó hace diez años —que acaso no tarde diez años en gustarnos de nuevo—, nos parece ahora extravagante y ridículo: de suerte que sin disputa es la costumbre y el ejemplo lo que nos persuade, más que un conocimiento cierto, y, no obstante, la pluralidad de votos no es una prueba que valga nada para las verdades un poco incómodas de descubrir, porque es mucho más verosímil que las haya encontrado un solo hombre que todo un pueblo: yo no podía elegir a nadie cuyas opiniones me parecieran deber ser preferidas a las de los demás, y me encontré como obligado a decidirme a guiarme por mí mismo.

Mas cual hombre que camina solo y en las tinieblas, resolví andar tan lentamente y usar tanta circunspección en todas las cosas que, aunque avanzara muy poco, me guardaría bien por lo menos de caer. Ni siquiera quise comenzar desechando totalmente ninguna de las opiniones que hubieran podido deslizarse otro tiempo en mi creencia sin haber sido introducidas por la razón, hasta después de haber pasado bastante tiempo haciendo el proyecto de la obra que emprendía y buscando el verdadero método para llegar al conocimiento de todas las cosas de que mi espíritu fuera capaz.

Siendo más joven había estudiado, entre las partes de la filosofía, un poco de lógica, y entre las matemáticas, un poco el análisis de los geómetras y el álgebra, tres artes o ciencias que parecían tener que contribuir en algo a mi propósito. Pero examinándolas, advertí que, respecto de la lógica, sus silogismos y la mayor parte de sus otras instrucciones sirven más bien para explicar a otro las cosas que uno sabe, o aun, como el arte de Lulio, para hablar sin juicio de aquellas que uno ignora, que para aprenderlas. Y aunque realmente contenga muchos preceptos muy verdaderos y muy buenos, están mezclados con tantos otros que son nocivos o superfluos, que separarlos es casi tan incómodo como sacar una Diana o una Minerva de un bloque de mármol todavía sin esbozar. Luego, respecto del análisis de los antiguos y del álgebra de los modernos, sobre no extenderse sino a materias muy abstractas, y que no parecen de utilidad alguna, el primero está siempre tan supeditado a la consideración de las figuras que no puede ejercitar el entendimiento sin cansar mucho la imaginación; y, en la última, se está sometido a ciertas reglas y a ciertas cifras de tal modo que se ha hecho de ellas un arte confuso y oscuro que entorpece el espíritu en lugar de ser una ciencia que lo cultive. Lo cual fue la causa de que yo pensara que era preciso buscar otro método que, abarcando las ventajas de esos tres, estuviera exento de sus defectos. Y como la multitud de leyes sirve a menudo de excusa para los vicios, de suerte que un Estado está mejor regido cuando, teniendo pocas, se observan estrictamente, así, en lugar de ese gran número de preceptos de que se compone la lógica, creí que me bastarían los cuatro siguientes, a condición de que tomara una firme y constante resolución de no dejar de observarlos ni una sola vez.

El primero consistía en no admitir jamás nada por verdadero que no conociera que evidentemente era tal; es decir, evitar minuciosamente la precipitación y la prevención, y no abarcar en mis juicios nada más que lo que se presentara tan clara y distintamente a mi espíritu que no tuviera ocasión de ponerlo en duda.

El segundo, en dividir cada una de las dificultades que examinara en tantas partes como fuera posible y necesario para mejor resolverlas.

El tercero, en conducir por orden mis pensamientos, comenzando por los objetos más simples y más fáciles de conocer para subir poco a poco, como por grados, hasta el conocimiento de los más compuestos, y aun suponiendo orden entre aquellos que no se preceden naturalmente unos a otros.

Y el último, en hacer en todo enumeraciones tan completas y revisiones tan generales que tuviese la seguridad de no omitir nada.

Esas largas cadenas de razones, todas simples y fáciles, de que los geómetras suelen servirse para llegar a sus demostraciones más difíciles, me habían dado ocasión de imaginarme que todas las cosas que pueden caer en el conocimiento de los hombres se deducen unas de otras de igual modo, y que, a condición solamente de abstenerse de admitir por verdadera ninguna que no lo sea, y de que se guarde siempre el orden debido para deducirlas unas de otras, no puede haber ninguna tan lejana que no se pueda alcanzar ni tan escondida que no pueda descubrirse. Y no me costó mucho esfuerzo buscar por cuáles convenía comenzar, pues ya sabía que era por las más simples y más fáciles de conocer; y considerando que entre todos los que antes han buscado la verdad en la ciencia, sólo los matemáticos pudieron hallar demostraciones, es decir, razones ciertas y evidentes, no dudé de que era por las mismas que ellos examinaron, a pesar de que no esperara de ellas otra utilidad que la de que acostumbraran mi espíritu a saciarse de verdades y a no contentarse con razones falsas. Mas no por eso tenía el propósito de tratar de aprender todas esas ciencias particulares que de ordinario se denominan matemáticas; y viendo que, aun siendo diferentes sus objetos, no dejan de conciliarse todas, porque no consideran otra cosa que las diversas relaciones o proporciones que se encuentran en ellos, pensé que valía más examinar solamente esas proposiciones en general y sin suponerlas más que en los asuntos que sirvieran para hacerme más fácil su conocimiento; y aun sin supeditarlas en modo alguno a ellos, a fin de poder aplicarlas luego tanto mejor a todos los demás a los cuales convinieran. Luego, habiendo advertido que, para conocerlas, tendría necesidad de considerarlas a veces cada una en particular, y otras veces sólo retenerlas, o abarcar varias conjuntamente, pensé que, para considerarlas mejor en particular debía suponerlas en líneas, porque no hallé nada más simple ni que yo pueda representar más distintamente a mi imaginación y a mis sentidos; mientras que, para retenerlas o para abarcar muchas conjuntamente, era preciso que las explicase por cifras, lo más cortas posible; y que, mediante eso, tomaría todo lo mejor del análisis geométrico y del álgebra y corregiría todos los defectos de uno por medio de la otra.

Como, en efecto, me atrevo a decir que la exacta observación de estos pocos preceptos que escogí, me dio tal facilidad para desentrañar todas las cuestiones a las cuales se extienden esas dos ciencias, que en dos o tres meses que invertí examinándolas, habiendo comenzado siempre por las más simples y más generales, y cada verdad que hallaba era una regla que me servía después para encontrar otras, no solamente resolví muchas que antaño había considerado muy difíciles, sino que, hacia el final, me pareció también que en aquellas mismas que ignoraba podía determinar por qué medios y hasta dónde era posible resolverlas. Quizá no os parezca muy vana esta pretensión si consideráis que, no habiendo más que una verdad para cada cosa, cualquiera que la encuentre sabe tanto como pueda saberse de ella, y que, por ejemplo, un niño instruido en aritmética y que haya hecho una suma siguiendo sus reglas, puede estar seguro de haber hallado, por lo que concierne a la suma que examinaba, todo lo que el espíritu humano sabría encontrar. Pues al fin y a la postre, el método que enseña a seguir el verdadero orden y a enumerar exactamente todas las circunstancias de lo que se busca, contiene todo cuanto da certidumbre a las reglas de la aritmética.

Pero lo que más me satisfacía de este método era que mediante él estaba seguro de usar en todo de mi razón, si no perfectamente, por lo menos lo mejor que yo pudiera; además, practicándolo sentía que mi espíritu se acostumbraba poco a poco a concebir más nítida y más distintamente sus objetos, y que, no habiéndolo sometido a ninguna materia particular, me prometía aplicarlo tan útilmente a las dificultades de las demás ciencias como lo había hecho ya a las del álgebra. No es que por ello me atreviera a acometer desde el principio todas las que se presentaran, pues eso mismo habría sido contrario al orden que él prescribe. Mas habiendo advertido que sus principios deben estar tomados todos de la filosofía, en la cual no hallaba aún ninguno cierto, pensé que, ante todo, era preciso que yo tratara de establecerlos en ella, y que, siendo eso la cosa más importante del mundo, y en la cual más son de temer la precipitación y la prevención, no debía acometer la empresa de resolverlo sin antes tener una edad mucho más madura que la de veintitrés años que yo tenía entonces; y sin que, previamente, hubiera invertido mucho tiempo para prepararme para ella, tanto desarraigando de mi espíritu todas las malas opiniones que antes de esa época había admitido, como haciendo acopio de varias experiencias que fueran después materia para razonamientos y ejercitándome siempre en el método que yo me había prescrito para afianzarme cada vez más en él.

Tercera parte

Por último, como antes de comenzar a reconstruir la casa en que habitamos, no basta derribarla y hacer provisión de materiales y arquitectos, o ejercitarse uno mismo en arquitectura y además haber trazado esmeradamente el proyecto, sino que también es preciso haberse agenciado otra donde podamos alojarnos cómodamente mientras duren los trabajos; así, a fin de que yo no quedase indeciso en mis acciones mientras la razón me obligaría a serlo en mis juicios, y que no dejase de vivir desde ese momento lo más felizmente que pudiera, me formé una moral provisional que consistía en sólo tres o cuatro máximas que me gustaría exponeros.

La primera era obedecer las leyes y costumbres de mi país, conservar constantemente la religión en la cual Dios me concedió la gracia de ser instruido desde mi infancia, y regirme en todo lo demás según las opiniones más moderadas y más alejadas del exceso, que fuesen aceptadas comúnmente en la práctica por los más sensatos de aquellos con quienes tuviera que vivir. En efecto, como desde entonces comencé a no contar para nada con las mías, puesto que quería someterlas todas a examen, tenía la seguridad de que lo mejor que podía hacer era seguir las de los más sensatos. Y aunque es tal vez posible que entre los persas o los chinos haya personas tan sensatas como entre nosotros, me parecía que lo más útil era regirme según aquellos con quienes había de vivir; y que, para saber cuáles eran verdaderamente sus opiniones, tenía que fijarme más bien en lo que practicaban que en lo que decían; no solamente porque a causa de la corrupción de nuestras costumbres hay pocos que quieran decir todo lo que creen, sino también porque muchos lo ignoran ellos mismos, pues como el acto del pensamiento mediante el cual se cree una cosa es diferente del acto por el cual conocemos que la creemos, los dos actos existen a menudo uno sin el otro. Y entre varias opiniones igualmente admitidas, yo no elegía más que las más moderadas: tanto porque son siempre las más cómodas para la práctica, y verosímilmente las mejores, pues todo exceso suele ser malo, como también a fin de apartarme menos del verdadero camino en caso de que corriera este riesgo, que si, habiendo elegido uno de los extremos, fuera el otro el que hubiera sido preciso seguir. Y en particular incluía yo entre los excesos todas las promesas mediante las cuales se renuncia a algo de la propia libertad. No es que yo desaprobara las leyes que, para subsanar la inconstancia de los espíritus débiles, permiten que, cuando se tiene una buena intención, o aun, para la seguridad del comercio, una intención que sólo sea indiferente, se hagan promesas o contratos que obliguen a perseverar en ellas; pero como yo no veía en el mundo nada que permaneciera siempre en el mismo estado y que, para mi particular, me prometía perfeccionar cada vez más mis juicios, y no hacerlos peores, habría pensado que cometía una gran falta contra el buen sentido si, por el hecho de que aprobara entonces algo, me hubiera obligado a tomarlo por bueno aun después de que tal vez hubiera dejado de serlo, o de que yo no lo considerara ya como tal.

Mi segunda máxima era ser lo más firme y resuelto que yo pudiera en mis acciones y seguir las opiniones más dudosas, una vez que me hubiera determinado, con no menor constancia que si hubiesen sido muy seguras. Imitaba en eso a los viajeros que, encontrándose extraviados en un bosque, no deben vagar dando vueltas tan pronto de un lado como de otro, ni menos aún detenerse en un sitio, antes bien caminar siempre lo más derecho que puedan hacia un mismo lado sin cambiarlo por razones endebles, aun en el caso de que tal vez al principio haya sido solamente el azar lo que los determinó a elegirlo; pues, haciéndolo así, si no van exactamente adonde desean, por lo menos acabarán por llegar a alguna parte, donde verosímilmente estarán mejor que en medio de un bosque. Y así, como a menudo las acciones de la vida no admiten demora, es una verdad muy cierta que, cuando no depende de nosotros el discernir las opiniones más verdaderas, debemos seguir las más probables; y aun, que a pesar de que no notemos más probabilidad en unas que en otras, debemos empero determinarnos por unas y considerarlas luego, no ya como dudosas, por lo que respecta a la práctica, sino como muy verdaderas y ciertas, por serlo la razón que nos hizo decidir en ese sentido. Y esto me permitió desde entonces librarme de todos los arrepentimientos y remordimientos que suelen agitar la conciencia de esos espíritus débiles y perplejos que con inconstancia se dejan arrastrar a practicar como buenas cosas que después juzgan malas.

Mi tercera máxima era tratar siempre de vencerme antes a mí mismo que a la fortuna, y modificar antes mis deseos que el orden del mundo; y en general, acostumbrarme a creer que nada hay que depende enteramente de nosotros, salvo nuestros pensamientos, de suerte que después de haber hecho lo que hayamos podido respecto de las cosas que nos son exteriores, lo que no logramos es, respecto de nosotros, absolutamente imposible. Y eso sólo me parecía suficiente para impedir que en adelante deseara nada que no pudiera adquirir, y para permanecer así satisfecho. Pues como por naturaleza nuestra voluntad no es inducida a desear sino las cosas que nuestro entendimiento le representa de algún modo como posibles, es cierto que si consideramos todos los bienes que están fuera de nosotros como igualmente alejados de nuestro poder, no nos dolerá ya que nos falten aquellos que parecen sernos debidos por nuestro nacimiento, cuando nos veamos privados de ellos sin culpa nuestra, como no nos duele no poseer los reinos de China o México; y haciendo, como se dice, de necesidad virtud, no desearemos ya estar sanos cuando estemos enfermos, ni ser libres cuando estemos en la cárcel como no deseamos ahora tener cuerpos de una materia tan poco corruptible como los diamantes o alas para volar como los pájaros. Mas confieso que se requiere largo ejercicio, y meditación a menudo reiterada, para acostumbrarse a mirar desde este ángulo todas las cosas; y creo que es precisamente en esto en lo que consista el secreto de esos filósofos que en otros tiempos pudieron sustraerse al dominio de la fortuna y, a pesar de los dolores y la pobreza, competir con sus dioses en felicidad. En efecto, dedicados sin cesar a considerar los límites que les había prescrito la naturaleza, se convencían de que, salvo sus pensamientos, nada dependía de ellos, tan perfectamente que eso sólo les bastaba para impedirles sentir afecto por otras cosas; y disponían de ellos tan absolutamente que en eso tenían alguna razón para considerarse más ricos, más poderosos, más libres y más felices que ninguno de los demás hombres que, no teniendo esa filosofía, por más que la naturaleza y la fortuna los favorecieran, no disponían nunca de todo lo que querían.

Por último, para terminar con esta moral, me decidí a hacer una revisión de las diversas ocupaciones de los hombres en esta vida, para tratar de escoger la mejor: y sin que pretenda decir nada de las de los demás, pensé que no podía hacer nada mejor que continuar en la misma en que me encontraba, es decir, emplear toda mi vida en cultivar mi razón, y en adelantar cuanto pudiera en el conocimiento de la verdad siguiendo el método que me había prescrito. Había sentido tan extremas satisfacciones desde que comencé a servirme de este método, que no creía que pudieran tenerse más gratas ni más inocentes en esta vida; y como todos los días descubrí mediante él algunas verdades que me parecían bastante importantes y comúnmente ignoradas por los demás hombres, la satisfacción que eso me proporcionaba colmaba de tal modo mi espíritu que todo el resto me dejaba sin cuidado. Además de que las tres máximas precedentes no se fundaban sino en el propósito que yo tenía de seguir instruyéndome: pues, habiéndonos dado Dios a cada cual alguna luz para discernir lo verdadero de lo falso, yo no hubiese creído que debía contentarme por un solo momento con las opiniones de otros si no me hubiese propuesto emplear mi propio juicio para examinarlas a su debido tiempo, y no hubiese sabido librarme de escrúpulo siguiéndolas si no hubiera esperado, en cambio, no perder ocasión alguna de hallar otras mejores en el caso de que las hubiera. Y por último, no habría sabido limitar mis deseos, ni estar satisfecho, si no hubiese seguido un camino por el cual, pensando estar seguro de la adquisición de todos los conocimientos de que yo fuera capaz, pensaba estarlo por este mismo medio de la de todos los verdaderos bienes que dependieran de mí, tanto más cuanto que, si nuestra voluntad no se inclina a seguir ni a rehuir nada como no sea según que nuestro entendimiento se lo represente bueno o malo, basta juzgar bien para hacerlo también todo lo mejor que se pueda, es decir, para adquirir todas las virtudes, y con ellas todos los demás bienes, que podamos adquirir; y cuando estamos ciertos de que es así, no podemos menos que estar satisfechos.

Después de haberme asegurado de estas máximas, y de haberlas puesto aparte, con las verdades de la fe que siempre fueron las primeras en mi creencia, juzgué que respecto del resto de mis opiniones podía lanzarme libremente a desprenderme de ellas. Y como esperaba lograrlo mejor conversando con los hombres que permaneciendo más tiempo encerrado al lado de la estufa donde había tenido todos estos pensamientos, no había terminado aún el invierno cuando me puse de nuevo a viajar. Y en todos los nueve años que siguieron no hice otra cosa que rodar de un lado para otro en el mundo tratando de ser espectador más que actor en todas las comedias que se presentan en él, y reflexionando, en toda materia, acerca de lo que podía hacerla sospechosa y darnos ocasión a equivocarnos, desarraigué entonces de mi espíritu todos los errores que antes hubieran podido deslizarse en él. No es que en eso imitara a los escépticos que sólo dudan por dudar y pretenden estar siempre perplejos, pues, por el contrario, todo mi propósito tendía sólo a adquirir seguridad y a desechar la tierra movediza y la arena para hallar la roca o la arcilla. Lo cual, a mi parecer, me salió bastante bien, puesto que, tratando de descubrir la falsedad o incertidumbre de las proporciones que examinaba, no mediante endebles conjeturas sino mediante razonamientos claros y seguros, no encontré ninguna tan dudosa que no pudiera sacar siempre de ella alguna conclusión bastante cierta, aun cuando sólo fuera la de que no contenía nada cierto. Y como al derribar una vieja mansión se reservan de ordinario las demoliciones para que sirvan para construir otra nueva, así, al destruir todas aquellas mis opiniones que yo creía mal fundadas, hice diversas observaciones y adquirí varias experiencias, que luego me sirvieron para establecer otras más ciertas. Y, por añadidura, seguí ejercitándome en el método que me había prescrito, pues, además de que me cuidaba de conducir generalmente mis pensamientos todos según sus reglas, de vez en cuando me reservaba algunas horas que invertía especialmente para practicarlo en dificultades de las matemáticas, desprendiéndolas de todos los principios de las demás ciencias, que yo no encontraba bastante firmes, como veréis que hice en varios que se explican en este tomo. Y así, sin vivir en apariencia de otro modo que aquellos que, sin otra ocupación que pasar una vida agradable e inocente, procuran separar los placeres de los vicios y, para gozar de sus ocios sin aburrirse, emplean todas las diversiones honestas, yo no cesaba de perseguir mi propósito y de utilizar el conocimiento de la verdad, quizá más que si me hubiese limitado a leer libros o a frecuentar hombres de letras.

Sin embargo, esos nueve años transcurrieron sin que yo hubiera adoptado partido alguno respecto de las dificultades que suelen discutirse entre los doctos, ni empezado a buscar los fundamentos de una filosofía más cierta que la vulgar. Y el ejemplo de varios excelentes espíritus que habiendo tenido hasta ahora este propósito me parece que no lo lograron, me hacía imaginar tanta dificultad que acaso no me habría atrevido a ponerlo en práctica tan pronto si no hubiera visto que algunos hacían circular ya el rumor de que yo lo había logrado. No sabría decir en qué fundaban esa opinión; y si en algo contribuí a ello con mis discursos, debe haber sido confesando más ingenuamente lo que ignoraba de lo que suelen hacer los que han estudiado un poco más, y quizás también haciendo ver las razones que yo tenía para dudar de muchas cosas que los demás juzgaban ciertas, antes que jactarme de otra doctrina. Pero teniendo el corazón bastante bueno para no querer que me tomaran por lo que no era, pensé que era preciso que tratara por todos los medios de hacerme digno de la reputación que me daban; y hace justamente ocho años, este deseo me hizo decidir a alejarme de todos los lugares donde pudiera tener conocidos, y retirarme aquí; en un país donde la larga duración de la guerra ha hecho establecer órdenes tales que los ejércitos que aquí se mantienen, no parecen servir sino para hacer que se disfrute de los frutos de la paz con tanta mayor seguridad, y donde, entre la muchedumbre de un gran pueblo bastante activo, y más cuidadoso de sus propios asuntos que curioso por los de los demás, sin carecer de ninguna de las comodidades que hay en las ciudades más frecuentadas, he podido vivir tan solitario y recoleto como en los desiertos más apartados.

Cuarta parte

No sé si debo hablaros de las primeras meditaciones que hice, pues son tan metafísicas y tan poco conocidas que tal vez no serían del agrado de todo el mundo. Y, sin embargo, para que pueda juzgarse si los fundamentos que tomé son bastante firmes, de algún modo me veo obligado a hablar de ellas. Hacía mucho tiempo que, respecto de las costumbres, había advertido que a veces es bueno seguir opiniones que sabemos son harto inciertas, como si fueran indudables, como ya hemos dicho antes; pero, como ahora sólo deseaba dedicarme a la investigación de la verdad, pensé que era preciso que hiciera todo lo contrario y que rechazara como absolutamente falso todo aquello en que pudiera imaginar la menor duda, a fin de ver si después de eso no quedaría algo en mi creencia que fuera completamente indudable. Así, a causa de que nuestros sentidos nos engañan a veces, quise suponer que no hay nada que sea como ellos nos lo hacen imaginar. Y puesto que hay hombres que se equivocan razonando, aun respecto de las más simples materias de la geometría, y hacen en ellas paralogismos, juzgando que yo estaba expuesto a errar como cualquier otro, rechacé como falsas todas las razones que antes había tomado por demostraciones. Y por último, considerando que todos los mismos pensamientos que tenemos estando despiertos nos pueden venir también cuando dormimos, sin que haya entonces ninguno que sea verdadero, me resolví a fingir que todo lo que alguna vez me había penetrado en el espíritu no era más verdadero que las ilusiones de mis sueños. Mas inmediatamente después me fijé en que, mientras yo quería pensar así que todo era falso, era preciso que yo, que lo pensaba, fuera algo. Y advirtiendo que esta verdad: *yo pienso, luego yo soy*, era tan firme y segura que no podían conmoverla todas las más extravagantes suposiciones de los escépticos, juzgué que podía admitirla sin escrúpulo como primer principio de la filosofía que yo buscaba.

Luego, examinando con atención lo que era, y viendo que podía fingir que no tenía cuerpo y que no hay mundo, ni lugar donde yo estuviera, mas que no podía fingir por eso que yo no fuera y que, por el contrario, del hecho mismo de que yo pensara en dudar de la verdad de lo demás, se seguía muy evidentemente que yo era, en lugar de que, si solamente hubiese cesado de pensar, aunque todo el resto de lo que alguna vez hubiera imaginado hubiese sido verdadero, yo no tenía razón alguna para creer que yo hubiese existido, conocí de ahí que yo era una sustancia cuya total esencia o naturaleza no es sino pensar y que, para ser, no necesita lugar alguno ni depende de cosa material alguna. De suerte que ese yo, es decir, el alma por la cual soy lo que soy, es enteramente distinta del cuerpo, y aun que es más fácil de conocer que él que, aun en el caso de que él no fuera, ella no dejaría de ser todo lo que ella es.

Después de esto, consideré en general lo que se requiere de una proposición para que sea verdadera y cierta, pues como acababa de hallar una que yo sabía que lo era, pensé que también debía saber en qué consiste esta certidumbre. Y habiendo observado que en eso: *yo pienso, luego yo soy*, no hay nada que me asegure que digo la verdad, sino que veo muy claramente que para pensar es preciso ser, juzgué que yo podía tomar como regla general que las cosas que concebimos muy claramente y muy distintamente, son todas verdaderas; pero que hay sólo alguna dificultad para observar bien cuáles son las que concebimos distintamente.

Después de esto, reflexionando sobre aquello de que dudaba, y que por consiguiente mi ser no era todo perfecto —pues yo veía claramente que es mayor perfección conocer que dudar—, traté de buscar de dónde yo había aprendido a pensar en algo más perfecto que lo que yo era, y conocí evidentemente que debía ser de alguna naturaleza que fuera efectivamente más perfecta. Respecto de los pensamientos que yo tenía de varias otras cosas exteriores a mí, como el cielo, la tierra, la luz, el calor y otras mil, no me costaba tanto saber de dónde venían, puesto que, no observando en ellas nada que me pareciera hacerlas superiores a mí, eran dependencias de mi naturaleza en cuanto posee alguna perfección; y si no lo eran, yo las tenía de la nada, es decir, que estaban en mí porque yo tenía defectos. Mas no podía ser lo mismo de la idea de un ser más perfecto que el mío, puesto que era notoriamente imposible que la tuviera de la nada; y como suponer que lo más perfecto sea consecuencia y dependencia de lo menos perfecto, no es menos inadmisible que suponer que de la nada proceda algo, yo no podía tenerla de mí mismo. Quedaba, pues, que hubiese sido puesta en mí por una naturaleza que fuera verdaderamente más perfecta que yo, y aun que tuviera en sí todas las perfecciones de las cuales pudiera tener yo idea, es decir, para explicarme con una sola palabra: que fuera Dios. A lo cual añadía yo que, puesto que yo conocía perfecciones que yo no tenía, yo no era el único ente que existía (aquí, si os parece bien, usaré palabras de la Escuela), sino que era preciso necesariamente que hubiera otro ente más perfecto, del cual yo dependiera y del cual hubiese adquirido yo cuanto tenía. Pues si yo hubiese sido solo e independiente de todo otro, de suerte que yo hubiese tenido de mí mismo todo este poco en que yo participaba del ente perfecto, por la misma razón hubiera podido tener de mí todo lo más que yo conocía que me faltaba y ser, pues, yo mismo infinito, eterno, inmutable, omnisciente, omnipotente y, en fin, tener todas las perfecciones que yo podía advertir que estaban en Dios. En efecto, según los razonamientos que acabo de hacer, para conocer la naturaleza de Dios en la medida en que la mía era capaz de ello, sólo tenía que considerar de todas las cosas de las cuales hallaba en mí alguna idea si era perfección o no el poseerlas, y estaba seguro de que ninguna de las que señalaban alguna imperfección estaba en él, pero sí estaban en él todas las demás. Así veía que la duda, la inconstancia, la tristeza y otras cosas parecidas, no podían estar en él, puesto que yo mismo habría estado muy satisfecho de estar exento de ellas. Luego, por añadidura, yo tenía ideas de varias cosas sensibles y corporales: pues aun suponiendo que soñara y que fuera falso todo cuanto veía o imaginaba, no podía negar, empero, que las ideas no estuvieran realmente en mi pensamiento; pero como yo había conocido ya en mí que la naturaleza inteligente es distinta de la corporal, considerando que toda composición acredita dependencia y que la dependencia es notoriamente un defecto, de ahí juzgaba yo que no podía ser una perfección en Dios el estar compuesto de estas dos naturalezas y que, por consiguiente, no lo estaba; pero que, si en el mundo había cuerpos, inteligencias u otras naturalezas que no fueran del todo perfectas, su ser debía depender de la potencia de él, de suerte que sin él no podían subsistir un solo momento.

Después de esto quise buscar otras verdades y, habiéndome propuesto el objeto de los geómetras, que yo concebía como un cuerpo continuo, o como un espacio indefinidamente extenso en longitud, anchura y altura o profundidad, divisible en diversas partes que podían tener diversas figuras y tamaños, y ser movidas o transpuestas de todas maneras, puesto que los geómetras suponen todo eso en su objeto, recorrí algunas de sus demostraciones más simples. Y habiendo notado que esa gran certidumbre que todo el mundo les atribuye sólo se funda en que se las concibe, evidentemente, según la regla que hace poco exponía, advertí también que no había en ellas absolutamente nada que me garantizara la existencia de su objeto. En efecto, por ejemplo, yo veía bien que suponiendo un triángulo, era preciso que sus tres ángulos fueran iguales a dos rectos; mas no por eso veía nada que me garantizara que en el mundo hubiera ningún triángulo. En cambio, volviendo a examinar la idea que yo tenía de un ente perfecto, encontraba que la existencia tiene que estar comprendida en él, del mismo modo como en la de un triángulo que sus tres ángulos sean iguales a dos rectos, o, en la de una esfera, que todas sus partes son igualmente distantes de su centro, o más evidentemente aún; y que, por consiguiente, por lo menos la idea de que es o existe Dios, que es este ente perfecto, es tan cierta como pueda serlo una demostración de geometría.

Pero lo que hace que haya muchos que se convencen de que hay dificultad en conocerlo, y asimismo en conocer qué es su alma, es que no elevan jamás su espíritu más allá de las cosas sensibles y que están acostumbrados a no considerar nada sino imaginándolo, que es un modo de pensar particular para las cosas materiales, hasta el punto de que lo que no es imaginable les parece que no es inteligible. Lo que resulta bastante notoriamente de lo mismo que los filósofos tienen por máxima en las escuelas: que nada hay en el entendimiento que no haya estado primero en el sentido, cuando empero es cierto que las ideas de Dios y del alma no lo estuvieron nunca. Y me parece que quienes quieren usar de su imaginación para comprenderlas, hacen exactamente como si, para oír los sonidos, o sentir los olores, quisieran servirse de sus ojos; aunque hay todavía una diferencia: que el sentido de la vista no nos garantiza la verdad de sus objetos menos que los del olfato o del oído la de los suyos; en cambio, ni nuestra imaginación ni nuestros sentidos podrían garantizarnos jamás cosa alguna si nuestro entendimiento no interviniera.

Por último, si todavía hay hombres que no estén convencidos de la existencia de Dios y de su alma mediante las razones que yo he aportado, quiero que sepan que son menos ciertas aún todas las demás cosas que acaso piensen ellos más seguras, como tener un cuerpo, que hay astros, una tierra y cosas parecidas. En efecto, aunque tengamos de esas cosas una seguridad moral tal que parece que no pueda dudarse de ellas sin ser extravagante, tampoco empero, a menos de ser poco razonable, puede negarse –cuando se trata de una certidumbre metafísica– que, para no estar absolutamente seguro, no sea motivo suficiente el haber advertido que del mismo modo cabe imaginar estando dormidos que tenemos otro cuerpo, que veamos otros astros y otra tierra, que no existen. Pues ¿de dónde se sabe que los pensamientos que vienen en sueños son más falsos que los demás, dado que a menudo no son menos vivos y expresos? Y por más que los mejores espíritus lo estudien, no creo que puedan dar razón alguna que sea suficiente para suprimir esta duda si no presuponen la existencia de Dios. En efecto, en primer lugar, eso mismo que hace poco tomé como regla: que son verdaderas todas las cosas que concebimos muy clara y muy distintamente, no está garantizado más que a causa de que Dios es o existe, que es un ente perfecto y que todo cuanto hay en nosotros viene de él. De donde se sigue que nuestras ideas o nociones, siendo cosas reales, y que vienen de Dios en todo cuanto son claras y distintas, no pueden ser en eso sino verdaderas. De suerte que si harto a menudo tenemos ideas o nociones que contienen falsedad, sólo puede ser de aquellas que tienen algo de confuso y oscuro porque en ello participan de la nada, es decir, que si en nosotros son así confusas es porque nosotros no somos del todo perfectos. Y es evidente que admitir que la falsedad o imperfección como tales provengan de Dios, no cuesta menos que admitir que la verdad o la perfección procedan de la nada. Pero si no supiéramos que todo cuanto hay en nosotros de real y verdadero viene de un ente perfecto e infinito, por claras y distintas que fueran nuestras ideas no tendríamos razón alguna que nos garantizara que tuvieran la perfección de ser verdaderas.

Ahora bien, después que el conocimiento de Dios y del alma nos ha dado certidumbre de esta regla, es bien fácil conocer que los sueños que imaginamos estando dormidos, no deben hacernos dudar en modo alguno de la verdad de los pensamientos que tenemos estando despiertos, pues si se diera el caso de que, aun durmiendo, se tuviera una idea muy distinta, como por ejemplo que un geómetra inventara alguna nueva demostración, su sueño no le impediría ser verdadera. Y por lo que respecta al error más corriente de nuestros sueños, que consiste en que nos representan diversos objetos del mismo modo que hacen nuestros sentidos exteriores, no importa que nos dé ocasión de desconfiar de la verdad de tales ideas, porque también pueden engañarnos harto a menudo aun sin dormir: como cuando los que tienen ictericia lo ven todo de color amarillo, o que los astros y otros cuerpos bastante lejanos nos parezcan más pequeños de lo que son. Pues al fin y a la postre, dormidos o despiertos, no debemos dejarnos convencer nunca sino por la evidencia de nuestra razón. Y obsérvese bien que digo de nuestra razón y no de nuestra imaginación ni de nuestros sentidos. Asimismo, aunque veamos el sol muy claramente, no por eso debemos juzgar que sea sólo del tamaño que le vemos; y podemos muy bien imaginar distintamente una cabeza de león pegada al cuerpo de una cabra sin que por eso sea necesario concluir que hay en el mundo una quimera, pues la razón no nos dicta que sea verdadero lo que así vemos o imaginamos. Mas sí nos dicta que todas nuestras ideas o nociones deben tener un fundamento de verdad, pues no sería posible que Dios, que es del todo perfecto y del todo verdadero, las hubiese puesto en nosotros sin eso. Y como nuestros razonamientos no son jamás tan evidentes ni tan completos durante el sueño como durante la vigilia, aunque a veces nuestras imaginaciones sean entonces tanto o más vivas y expresas, nos dicta también que, no pudiendo ser verdaderos todos nuestros pensamientos porque no somos del todo perfectos, lo que tengan de verdad debe encontrarse indefectiblemente en los que tenemos despiertos más que en nuestros sueños.

Quinta parte

Me gustaría mucho continuar y hacer ver aquí toda la cadena de las demás verdades que he deducido de estas primeras; mas como, a este efecto, sería preciso ahora que hablara de varias cuestiones que se debaten entre los doctos, con los cuales no deseo disputar, creo que será mejor que me abstenga y que diga en general cuáles son, a fin de dejar juzgar a los más sabios si sería útil que el público estuviera más particularmente informado de ellas. Me mantuve siempre firme en la resolución que había tomado de no suponer otro principio que el que acabo de utilizar para demostrar la existencia de Dios y del alma y de no aceptar por verdadero nada que no me pareciera más claro y más cierto que las anteriores demostraciones de los geómetras. Y, no obstante, me atrevo a decir que, no solamente he hallado satisfacción en poco tiempo acerca de todas las dificultades que se suelen tratar en la filosofía, sino también que he notado ciertas leyes que Dios ha establecido de tal modo en la naturaleza y de las cuales ha impreso tales nociones en nuestras almas, que después de haber reflexionado bastante en ello no podríamos dudar de que no se observen exactamente en todo cuanto es o se hace en el mundo. Luego, considerando la serie de estas leyes, me parece que he descubierto varias verdades más útiles y más importantes que todo cuanto había aprendido antes o aun esperado aprender.

Mas como intenté explicar las principales en un tratado que algunas consideraciones me impiden publicar, no se me ocurre darlas a conocer mejor que diciendo sumariamente aquí lo que contiene. Tuve el propósito de abarcar en él todo lo que yo pensaba saber, antes de escribirlo, acerca de la naturaleza de las cosas materiales. Pero así como los pintores que no pueden representar igualmente bien en un cuadro llano todas las diversas caras de un cuerpo sólido, eligen una de las principales y sólo ella ponen a luz dejando en la sombra las demás, y no las hacen aparecer sino en la medida que cabe verlas mirando aquélla, así yo, temiendo no poder poner en mi discurso todo cuanto tenía en el pensamiento, resolví limitarme a exponer bien ampliamente lo que yo concebía de la luz; luego, con este motivo, añadir algo acerca del Sol y las estrellas fijas, porque casi toda procede de ellos; de los cielos, porque la transmiten; de los planetas, los cometas y la Tierra, porque la reflejan; y en particular de todos los cuerpos que hay sobre la Tierra, porque son de color, transparentes o luminosos; y, por último, del hombre, porque es su espectador. Pero para sombrear un poco todas estas cosas y poder decir más libremente lo que yo juzgaba de ellas sin verme obligado a seguir ni a refutar las opiniones admitidas entre los doctos, resolví dejar todo este mundo para sus disputas y hablar solamente de lo que sucedería en uno nuevo si Dios creara ahora en alguna parte, en los espacios imaginarios, materia bastante para componerlo y agitara diversamente y sin orden las diversas partes de esta materia, de suerte que compusiera un caos tan confuso como el que los poetas puedan fingir y que, en lo sucesivo, se limitara a prestar su concurso ordinario a la naturaleza y la dejara hacer según las leyes que él estableció. Así en primer lugar, describí esta materia y traté de representarla como que nada hay en el mundo —me parece— más claro ni más inteligible, salvo lo que antes se ha dicho de Dios y del alma, pues hasta supuse, expresamente, que no había en ella ninguna de esas formas o cualidades de que se discute en las Escuelas, ni nada en general cuyo conocimiento no fuera tan natural para nuestras almas que ni siquiera pudiera fingirse ignorarlo. Además, hice ver cuáles eran las leyes de la naturaleza; y sin apoyar mis razones en otro principio que en las infinitas perfecciones de Dios, traté de demostrar todas aquellas de que pudiera caber alguna duda y de hacer ver que aunque Dios hubiera creado varios mundos, no podría haber ninguno donde dejaran de observarse. Después de eso, mostré cómo la mayor parte de la materia de ese caos debía, a causa de esas leyes, disponerse y arreglarse de cierto modo que la hiciera parecida a nuestros cielos; cómo, empero, ciertas de sus partes deben componer una tierra, y algunos planetas y cometas, y algunas otras un sol y estrellas fijas. Y aquí, extendiéndome sobre el tema de la luz, expliqué bien extensamente cuál era la que debía hallarse en el Sol y las estrellas y cómo desde allí atravesaba en un instante los inmensos espacios de los cielos, y cómo se reflejaba de los planetas y los cometas hacia la Tierra. Añadí también varias cosas relativas a la sustancia, la situación, lo movimientos y todas las diversas cualidades de esos cielos y esos astros; de suerte que pensé decir bastante de ellos para hacer conocer que no se nota en los de este mundo nada que no deba, o por lo menos pueda parecer muy semejante a los del mundo que yo describía. De ahí pasé a explicar particularmente la Tierra: cómo, aun habiendo supuesto yo expresamente que Dios no había puesto peso alguno en la materia de que estaba compuesta, todas sus partes no dejaban de tender exactamente hacia el centro de ella, cómo, habiendo agua y aire en su superficie, la disposición de los cielos y de los astros, principalmente de la Luna, debía causar en ella un flujo y reflujo semejante en todas sus circunstancias al que se observa en nuestros mares; y además cierta corriente tanto del agua como del aire, del levante al poniente, como la que se observa también entre los trópicos; cómo las montañas, mares, fuentes y ríos podían formarse naturalmente en ella, y venir los metales en las minas, y las plantas crecer en sus campiñas, y en general generarse todos los cuerpos que se denominan mezclados o compuestos. Y entre otras cosas, puesto que después de los astros no conozco yo nada en el mundo que produzca el fuego salvo la luz, procuré hacer entender bien claramente todo lo que pertenece a su naturaleza: cómo se hace, cómo se nutre; cómo a veces sólo tiene calor sin luz y otras luz sin calor; cómo puede producir colores diferentes en diferentes cuerpos, y otras varias cualidades; cómo funde algunos y endurece otros; cómo puede consumirlos casi todos, o convertirlos en cenizas y humo; y, por último, cómo de esas cenizas, por la sola violencia de su acción, forma vidrio y como esa transmutación de las cenizas en vidrio me parecía ser tan admirable como cualquiera otra que se haga en la naturaleza, me complací particularmente en describirla.

Sin embargo, yo no quería inferir de todo eso que este mundo haya sido creado del modo que yo proponía, pues es mucho más verosímil que desde el principio lo hiciera Dios tal como debía ser. Pero es seguro —y opinión comúnmente aceptada entre los teólogos— que la acción mediante la cual él lo conserva, es exactamente la misma mediante la cual lo creó, de suerte que aunque al principio no le hubiera dado otra forma que la del caos, con tal de que, habiendo establecido las leyes de la naturaleza, le prestara todo su concurso para obrar como ella tiene por costumbre, puede creerse sin menoscabo del milagro de la creación que por esto sólo todas las cosas que son puramente materiales habrían podido con el tiempo llegar a ser en ella tal como nosotros las vemos actualmente. Y su naturaleza es mucho más fácil de concebir cuando se las ve nacer poco a poco de esta suerte que cuando solamente se las considera ya hechas del todo.

De la descripción de los cuerpos inanimados y de las plantas pasé a la de los animales y en particular a la de los hombres. Mas como no la conocía aún bastante para hablar de ella con el mismo estilo que del resto, es decir, demostrando los efectos por las causas, y haciendo ver de qué modo debe producirlos la naturaleza, me limité a suponer que Dios formó el cuerpo de un hombre enteramente semejante a uno de los nuestros, tanto en la figura exterior de sus miembros como en la conformación interior de sus órganos, sin componerlo de otra materia que de aquella que yo había descrito y sin poner en él, al principio, un alma razonable ni otra cosa que le sirviera de alma vegetativa o sensitiva, sino que él excitó en su corazón uno de esos fuegos sin luz que yo había explicado ya y que yo no concebía de otra naturaleza que el que calienta el heno cuando se lo encerró antes de secarse, o el que hace hervir los vinos nuevos cuando se ponen los racimos a fermentar en la cuba. Pues examinando las funciones que a consecuencia de eso podía haber en ese cuerpo, hallaba en él exactamente todas las que puede haber en nosotros sin que lo pensemos, ni por consiguiente que contribuya a ellas nuestra alma, es decir, esta parte distinta del cuerpo de la cual hemos dicho antes que su naturaleza consiste sólo en pensar, y que son exactamente las mismas en que puede decirse que se nos parecen los animales desprovistos de razón: sin que en ellos pudiera encontrar por eso ninguna de las que, dependiendo del pensamiento, son las únicas que nos pertenecen como hombres, y en cambio las hallaba como consecuencia suponiendo que Dios creó un alma racional y que la unió a este cuerpo en cierta forma que yo describía.

Pero, con el objeto de que pueda verse de qué modo trataba yo este asunto, voy a incluir aquí la explicación del movimiento del corazón y las arterias, que, siendo el primero y más general que se observa en los animales, por él se juzgará fácilmente lo que deba pensarse de todos los demás. Y para que se encuentre menos dificultad en entender lo que diré de él, quisiera que quienes no estén versados en anatomía se tomaran la molestia, antes de leer esto, de hacer cortar ante sí el cuerpo de algún animal grande que tenga pulmones, pues en todo es bastante semejante al del hombre y que se hagan mostrar las dos cámaras o concavidades que hay en él. Primeramente, la que está en su lado derecho, a la cual van a parar los tubos harto grandes, a saber: la vena cava, que es el principal receptáculo de la sangre, y como el tronco del árbol cuyas ramas son todas las demás venas del cuerpo, y la vena arterial, que así ha sido mal denominada, puesto que en realidad es una arteria, que, teniendo como origen el corazón, se divide después de salir de él en varias ramas que van a esparcirse en todas direcciones por los pulmones. Luego, la que hay en su lado izquierdo, de la cual salen del mismo modo dos tubos, tan grandes o más aún que los precedentes, a saber: la arteria venosa, también impropiamente llamada así, pues no es otra cosa que una vena, que viene de los pulmones, donde se divide en varias ramas entrelazadas con las de la vena arterial, y las del conducto llamado silbato por donde entra el aire de la respiración; y la gran arteria que, saliendo del corazón, envía sus ramas por todo el cuerpo. Desearía también que se les mostrara cuidadosamente las once películas que, cual otras tantas pequeñas puertas, abren y cierran las cuatro aberturas que hay en estas dos concavidades, a saber: tres a la entrada de la vena cava, donde están dispuestas de tal manera que en modo alguno pueden impedir que la sangre que contienen se vierta en la concavidad derecha del corazón y, no obstante, impiden exactamente que salga de ella; tres a la entrada de la vena arterial que, estando dispuestas de modo totalmente contrario, permiten perfectamente que la sangre que hay en esta concavidad pase a los pulmones, pero no a la que hay en los pulmones que vuelva a ella; y así en la entrada de la arteria venosa, otras dos que dejan circular la sangre de los pulmones hacia la concavidad izquierda del corazón, pero se oponen a su regreso, y tres a la entrada de la gran arteria, que le permiten salir del corazón, pero le impiden volver a él. Y no hay necesidad de buscar otra razón del número de esas pieles sino que siendo ovalada la abertura de la arteria venosa a causa del lugar en que se halla, puede ser cerrada cómodamente con dos, mientras que las demás, siendo redondas, lo pueden ser mejor con tres. Además, desearía que se les hiciera considerar que la gran arteria y la vena arterial son de una composición mucho más dura y más firme que la arteria venosa y la vena cava, y que estas dos arterias se agrandan antes de entrar en el corazón, y forman en él como dos bolsas, denominadas orejas del corazón, compuestas de una carne semejante a la suya; y que hay siempre más calor en el corazón que en cualquier otro lugar del cuerpo; y, por último, que este calor es capaz de hacer que si entra alguna gota de sangre en sus concavidades, se hinche pronto y se dilate, como hacen generalmente todos los licores cuando se los hace caer gota a gota en alguna vasija que esté muy caliente.

Pues, luego de esto, no necesito decir otra cosa que explicar el movimiento del corazón, sino que, cuando sus concavidades no están llenas de sangre, necesariamente corre sangre de la vena cava a la derecha, y de la arteria venosa a la izquierda, puesto que estos dos vasos están siempre llenos y sus aberturas que miran hacia el corazón, no pueden estar cerradas entonces; pero que, no bien han entrado así dos gotas de sangre, una en cada una de sus concavidades, estas gotas, que sólo pueden ser muy gruesas porque las aberturas por donde entran son muy grandes, y los vasos de donde vienen están llenos de sangre, se enrarecen y dilatan a causa del calor que encuentran allí, mediante lo cual, haciendo hinchar todo el corazón, empujan y cierran las cinco puertecitas que hay en las entradas de los dos vasos de donde vienen, y así impiden que baje más sangre al corazón, y siguiendo enrareciéndose cada vez más, empujan y abren las otras seis puertecitas que se hallan en las entradas de los otros dos vasos por donde salen, y así hacen hinchar todas las ramas de la vena arterial y de la gran arteria casi al mismo instante que el corazón, el cual, inmediatamente después, se deshincha como así también esas arterias porque la sangre que entró en ellas se enfría, vuelven a cerrarse sus seis puertecitas y las cinco de la vena cava y de la arteria venosa se abren de nuevo para dejar pasar dos gotas de sangre que otra vez hacen hinchar el corazón y las arterias, exactamente igual que las precedentes. Y puesto que la sangre que entra así en el corazón, pasa por esas dos bolsas llamadas sus orejas, de ahí viene que el movimiento de éstas sea contrario al suyo y que se deshinchen cuando él se hincha. Por lo demás, para que quienes no conozcan la fuerza de las demostraciones matemáticas y no estén acostumbrados a distinguir las razones verdaderas de las verosímiles, no se arriesguen a negar esto sin examinarlo, quiero advertirles que ese movimiento que acabo de explicar, resulta tan necesariamente de la sola disposición de los órganos que cabe ver a simple vista en el corazón y del calor que puede notarse con los dedos y de la naturaleza de la sangre que puede conocerse por experiencia, como sucede con el de un reloj por la fuerza, la situación y la figura de sus contrapesos y ruedas.

Mas si se pregunta cómo la sangre de las venas no se agota corriendo así continuamente al corazón, y cómo las arterias no están demasiado llenas puesto que toda la sangre que pasa por el corazón va a parar a ellas, no tengo necesidad de contestar sino lo que ya ha sido escrito por un médico de Inglaterra, a quien debe elogiarse por haber roto el hielo en este punto y haber sido el primero que enseñó que hay varios pequeños pasos a las extremidades de las arterias por donde la sangre que reciben del corazón entra en las pequeñas ramas de las venas, desde las cuales vuelve al corazón, de suerte que su marcha no es más que una circulación perpetua. Lo prueba muy bien mediante la experiencia ordinaria de los cirujanos, quienes, habiendo atado el brazo con mediana fuerza por encima del sitio en que abren la vena, logran que la sangre salga más abundantemente que si no lo hubieran atado. Y sucedería todo lo contrario si lo ataran por debajo, entre la mano y la abertura, o bien que lo ataran muy fuertemente por encima. En efecto, es notorio que la atadura medianamente apretada, aunque puede impedir que la sangre que ya está en el brazo vuelva al corazón por las venas, no impide empero que no venga más sangre por las arterias, porque éstas están situadas por debajo de las venas, y sus pieles, siendo más duras, son menos fáciles de apretar, y además la sangre que viene del corazón tiende a pasar por ellas hacia la mano con más fuerza que la que pone para volver de ellas al corazón por las venas. Y como esta sangre sale del brazo por la abertura que hay en una de las venas, necesariamente tiene que haber algunos pasos por debajo de la atadura, es decir, hacia las extremidades del brazo, por donde pueda venir de las arterias. De esta suerte demuestra muy bien lo que dice de la circulación de la sangre, mediante ciertas películas de tal modo dispuestas en diversos sitios a lo largo de las venas que no le permiten pasar del centro del cuerpo hacia las extremidades, sino solamente volver de las extremidades hacia el corazón; y, además, mediante la experiencia de que toda la sangre que hay en el cuerpo puede salir en muy poco tiempo por una sola arteria cuando se la corta, aunque esté fuertemente atada muy cerca del corazón, y cortada entre él y la atadura, de modo que no había motivo para imaginar que la sangre que saliera viniera de otra parte.

Pero hay muchas otras cosas que acreditan que la verdadera causa de este movimiento de la sangre es la que he dicho. Así, en primer lugar, la diferencia que se observa entre la que sale de las venas y la que sale de las arterias, sólo puede proceder de que, habiéndose enrarecido, y como destilado, al pasar por el corazón, es más sutil, más viva y más caliente inmediatamente después de haber salido, es decir, en las arterias, de lo que es un poco antes de entrar, es decir, estando en las venas. Y si bien se mira, se encontrará que esta diferencia sólo aparece bien hacia el corazón y no tanto en los sitios más alejados de él. Luego la dureza de las pieles de que están compuestas la vena arterial y la gran arteria, muestra suficientemente que la sangre da contra ellas con más fuerza que contra las venas. ¿Y por qué la concavidad izquierda del corazón y la gran arteria son más anchas y más grandes que la derecha y la vena arterial, si no fuera que la sangre de la arteria venosa, habiendo estado solamente en los pulmones después de haber pasado por el corazón, es más sutil y se enrarece más fuerte y más fácilmente que la que viene inmediatamente de la vena cava? ¿Y qué pueden adivinar los médicos tomando el pulso si no saben que, según que la sangre cambie de naturaleza, puede enrarecerse por el calor del corazón más o menos fuertemente y más o menos rápidamente que antes? Y si se examina cómo este calor se comunica a los demás miembros, ¿no es preciso confesar que es por medio de la sangre que pasando por el corazón vuelve a calentarse en él y de él se extiende luego por todo el cuerpo? De donde viene que si se quita la sangre de alguna parte, se le quita al mismo tiempo el calor; y aunque el corazón fuera tan ardiente como un hierro candente, no bastaría para volver a calentar los pies y las manos como lo hace, si no enviara a ellos continuamente sangre nueva. De ahí se conoce también luego que la verdadera utilidad de la respiración consiste en traer al pulmón aire nuevo suficiente para que la sangre que viene de la concavidad derecha del corazón —donde se ha enrarecido y como transformándose en vapores— vuelva a espesarse de nuevo en él y a convertirse en sangre antes de caer de nuevo en la izquierda, sin lo cual no podría servir propiamente de alimento al fuego que hay en ella. Lo cual se confirma porque se ve que los animales que no tienen pulmones, tampoco tienen más que una concavidad en el corazón, y las criaturas que no pueden usarlos mientras están en el vientre de la madre tienen una abertura por la cual pasa sangre de la vena cava a la concavidad izquierda del corazón y un conducto por donde llega sangre de la vena arterial a la gran arteria sin pasar por el pulmón. Luego la digestión, ¿cómo podría hacerse en el estómago si el corazón no le enviara calor por las arterias, y con eso algunas de las partes más fluidas de la sangre que ayudan a disolver las viandas que allí se han metido? Y la acción que convierte en sangre el jugo de esas viandas, ¿no es fácil de conocer considerando que se destila pasando y volviendo a pasar por el corazón quizá más de cien o doscientas veces todos los días? ¿Y qué más se necesita para explicar la nutrición y la producción de los diversos humores que hay en el cuerpo, sino decir que la fuerza con que la sangre al enrarecerse pasa del corazón a las extremidades de las arterias, hace que algunas de sus partes se detengan entre las de los miembros donde se encuentran y ocupen el lugar de otras a las cuales expulsan; y que, según la situación, la figura o la pequeñez de los poros que encuentran, unas se dirigen a ciertos sitios de preferencia a otras, del mismo modo como cada cual puede tener diversos cedazos que, estando diversamente agujereados, sirven para separar entre sí diversos granos? Y, por último, lo más notable de todo esto es la generación de los espíritus animales, que son como un viento muy sutil, o mejor dicho, como una llama muy pura y muy viva, que subiendo continuamente en gran abundancia desde el corazón al cerebro, se dirige desde allí por los nervios a los músculos y da movimiento a todos los miembros; sin que para explicar que las partes de la sangre que, siendo las más agitadas y más penetrantes, son las más apropiadas para componer esos espíritus, se dirijan más bien hacia el cerebro que hacia otras partes, sea preciso imaginar otra causa sino que las arterias que las llevan allí son las que vienen del corazón más en línea recta que ninguna otra, y, según las reglas de la mecánica –que son las mismas que las de la naturaleza–, cuando varias cosas tienden a moverse conjuntamente hacia un mismo lado donde no hay sitio bastante para todas, como ocurre con las partes de la sangre que salen de la concavidad izquierda del corazón y tienden hacia el cerebro, las más débiles y menos agitadas deben ser apartadas por las más fuertes, que por este medio serán las únicas que lleguen allí.

Yo había explicado bastante especialmente todas estas cosas en el tratado que antes había tenido la intención de publicar. Y luego había mostrado cuál debe ser la estructura de los nervios y de los músculos del cuerpo humano para hacer que los espíritus animales que hay dentro tengan fuerza para mover sus miembros; así se ven cabezas que, poco después de cortadas, se mueven aún, y muerden la tierra, a pesar de que ya no están animadas; qué transformaciones deben hacerse en el cerebro para causar la vigilia, el sueño y los sueños; cómo la luz, los sonidos, los olores, los sabores, el calor y todas las demás cualidades de los objetos pueden imprimir en el cerebro diversas ideas por medio de los sentidos; cómo el hambre, la sed y demás pasiones interiores, le pueden enviar también las suyas; qué debe ser tomado allí por el sentido común, donde esas ideas son aceptadas; por la memoria, que las conserva; y por la fantasía, que puede modificarlas diversamente y componer otras nuevas, y por el mismo medio, distribuyendo los espíritus animales en los músculos, hacer mover los miembros de ese cuerpo de tantas diversas maneras y tanto con motivo de los objetos que se presentan a esos sentidos como de las pasiones interiores que hay en él, que los nuestros puedan moverse sin que la voluntad los conduzca. Lo cual no extrañará en absoluto a quienes, sabiendo cuántos diversos *autómatas,* o máquinas en movimiento, puede hacer la industria de los hombres sin emplear más que muy pocas piezas, en comparación con la gran multitud de huesos, músculos, nervios, arterias, venas y todas las demás partes que hay en el cuerpo de cada animal, consideren este cuerpo como una máquina que habiendo sido hecha por las manos de Dios, está incomparablemente mejor ordenada, y tiene en sí movimientos más admirables que ninguna de las que puedan ser inventadas por los hombres.

Y aquí me detuve muy especialmente a hacer ver que, si hubiera tales máquinas que tuvieran los órganos y la figura de un mono, o de cualquier otro animal desprovisto de razón, no tendríamos medio alguno para reconocer que no fueran en todo de la misma naturaleza que esos animales; en cambio, si las hubiera que se parecieran a nuestro cuerpo, e imitaran nuestras acciones tanto como fuera posible moralmente, tendríamos siempre medios muy seguros para reconocer que no por eso serían verdaderos hombres. El primero de ellos es que jamás podrían usar palabras ni otros signos componiéndolas como hacemos nosotros para manifestar a los demás nuestros pensamientos. Pues se puede concebir perfectamente que una máquina esté hecha de tal modo que profiera palabras, y aun que profiera algunas con motivo de acciones corporales que causen algún cambio en sus órganos, por ejemplo: si tocándola en cierto sitio, pregunte lo que se le quiere decir, o si en otro, que grite que se le hace daño, y otras cosas parecidas, pero no que se arregle de diversos modos para contestar al sentido de todo cuanto se diga en su presencia como pueden hacer los hombres más torpes. Y el segundo es que, aunque hicieran varias cosas tan bien, o acaso mejor que ninguno de nosotros, fallarían indefectiblemente en algunas otras, por las cuales se descubriría que no obran por conocimiento sino solamente por la disposición de sus órganos. Pues, a diferencia de la razón, que es un instrumento universal que puede servir en toda clase de ocasiones, esos órganos tienen necesidad de alguna disposición especial para cada acción en particular; de donde viene que es moralmente imposible que las haya con suficiente diversidad en una máquina para hacerla obrar en todas las circunstancias de la vida del mismo modo como nos hace obrar nuestra razón.

Pues bien, por estos dos medios puede conocerse también la diferencia que hay entre los hombres y las bestias. En efecto, es cosa muy notable que no haya hombres tan torpes y tan estúpidos, sin exceptuar siquiera a los locos, que no sean capaces de coordinar diversas palabras y componer un discurso mediante el cual hagan entender sus pensamientos, y que, por el contrario, no haya otro animal por más perfecto que sea y más felizmente dotado que esté, que haga algo parecido. Y eso no sucede porque les falten órganos, pues se echa de ver que las urracas y los loros pueden proferir palabras como nosotros, es decir, mostrando que piensan lo que dicen; en cambio, los hombres que habiendo nacido sordos y mudos carecen de los órganos que sirven a los demás para hablar, tanto o más que las bestias, suelen inventar por sí mismos algunos signos mediante los cuales pueden hacerse entender de quienes, estando de ordinario con ellos, tienen ocasión de aprender su lenguaje. Y eso acredita no solamente que las bestias tienen menos razón que los hombres, sino que no tienen ninguna en absoluto. Pues se ve que bien poco les falta para que sepan hablar, y aunque se nota la desigualdad entre animales de una misma especie, lo mismo que entre los hombres, y que unos son más fáciles de adiestrar que otros, no es de creer que un mono o un loro que fuera de lo más perfecto de su especie igualara en eso a los niños de los más estúpidos —o por lo menos a un niño que tuviera el cerebro trastornado— si su alma no fuera de naturaleza totalmente diferente de la nuestra. Y no deben confundirse las palabras con los movimientos naturales que revelan las pasiones y pueden ser imitados tanto por máquinas como por animales: ni pensar, como algunos antiguos, que las bestias hablan, bien que no entendamos su lenguaje: pues si eso fuera verdad, teniendo varios órganos parecidos a los nuestros podrían hacerse entender igualmente por nosotros que por sus semejantes. También es muy notable el hecho de que, aun habiendo varios animales que revelan más industria que nosotros en algunas de las acciones, se ve empero que no la revelan en absoluto en muchas otras, de suerte que lo que hacen mejor que nosotros no demuestra que tengan espíritu, pues de lo contrario tendrían más que ninguno de nosotros y serían mejores en todo; antes bien no tienen, y es la naturaleza la que obra en ellos según la disposición de sus órganos, así como se ve que un reloj, que sólo está compuesto de ruedas y resortes, puede contar las horas, y medir el tiempo, más exactamente que nosotros con toda nuestra sabiduría.

Después de esto había descrito el alma racional y hecho ver que no puede sacarse en modo alguno de la potencia de la materia como las demás cosas de que yo había hablado, sino que debe ser creada expresamente; y como no basta que se aloje en el cuerpo humano, como un piloto en su buque, como no sea quizá para mover sus miembros, sino que es preciso que esté junta y unida más estrechamente con él para tener, además, sentimientos y apetitos parecidos a los nuestros y constituir así un verdadero hombre. Por lo demás, me he extendido aquí un poco sobre el asunto del alma porque es uno de los más importantes; en efecto, después del error de los que niegan a Dios, error que pienso haber refutado suficientemente antes, no hay otro que aparte más pronto a los espíritus débiles del camino de la virtud que el imaginar que el alma de las bestias sea de la misma naturaleza que la nuestra y que, por consiguiente, nada hemos de temer ni esperar después de esta vida, como les ocurre a las moscas y a las hormigas; en cambio, cuando se sabe cuán diferentes son ellas, se comprenden mejor las razones que demuestran que nuestra alma es de naturaleza enteramente independiente del cuerpo y, por consiguiente, no está sujeta a morir con él; luego, como no se ven otras causas que la destruyan, nos sentimos naturalmente inducidos a juzgar que es inmortal.

Sexta parte

Pues bien, hace ahora tres años que había llegado a terminar el tratado que contiene todas esas cosas y comenzaba a revisarlo con objeto de entregarlo a un impresor, cuando me enteré de que ciertas personas, a quienes respeto y cuya autoridad tiene no menos poder sobre mis actos que mi razón sobre mis pensamientos, habían desaprobado una opinión de física publicada un poco antes por otro, de la cual no diré que yo la compartiera pero sí que, antes de haber sido censurada por ellas, no había notado en ella nada que yo pudiera imaginar perjudicial a la religión ni al Estado ni, en consecuencia, que me hubiese impedido escribirla si la razón me hubiera convencido, y eso me hizo temer que no se hallara asimismo entre las mías alguna en que me hubiese extraviado, a pesar del gran cuidado que siempre tuve de no admitir en mi creencia opiniones nuevas de las cuales no tuviera yo demostraciones muy ciertas, y de no escribir otras que pudieran ser perjudiciales a nadie. Lo cual fue suficiente para obligarme a modificar la resolución que yo había tomado de publicarlas, pues a pesar de que fueran muy fuertes las razones por las cuales la había tomado antes, mi inclinación que siempre me hizo detestar la profesión de escribir libros, me hizo hallar en seguida otras suficientes para disuadirme. Y estas razones en pro y en contra son tales que no solamente yo tengo cierto interés en decirlas aquí sino quizás también el público en saberlas.

Nunca hice demasiado caso de las cosas que venían de mi espíritu y mientras no recogí otros frutos del método de que me sirvo que el de sentirme satisfecho acerca de algunas dificultades propias de las ciencias especulativas, o bien que traté de regir mis costumbres por las razones que él me enseñaba, no me creí obligado a escribir nada. En efecto, por lo que concierne a las costumbres, cada cual se entrega tanto a su sentido que podrían hallarse tantos reformadores como cabezas si se permitiera a otros que a quienes Dios estableció como gobernantes de sus pueblos —o a quienes dio bastante gracia y celo para ser profetas— que se lanzaran a modificar nada en ellas; y aunque mis especulaciones me gustasen mucho, creí que los demás hacían también otras que quizás les gustaran más. Pero tan pronto adquirí algunas nociones generales relativas a la física y que, comenzando a ponerlas a prueba en diversas dificultades particulares, observé hasta dónde pueden conducir, y cuánto difieren de los principios de que se ha hecho uso hasta ahora, creí que no podía guardarlas ocultas sin pecar grandemente contra la ley que nos obliga a procurar en la medida que depende de nosotros el bien general de todos los hombres, pues me hicieron ver que es posible llegar a conocimientos que sean muy útiles para la vida, y que, en lugar de esa filosofía especulativa que se enseña en las escuelas es posible encontrar una práctica mediante la cual, conociendo la fuerza y las acciones del fuego, el agua, el aire, los astros, los cielos y todos los demás cuerpos que nos rodean, tan distintamente como conocemos los diversos oficios de nuestros artesanos, los podríamos emplear del mismo modo para todos los usos a que se prestan y convertirnos así en una especie de dueños y poseedores de la naturaleza. Lo cual no sólo es de desear para la invención de una infinidad de artificios que harían que sin esfuerzo alguno se disfrutara de los frutos de la tierra y de todas las comodidades que en ella se encuentran, sino principalmente también para la conservación de la salud, que sin duda es el primer bien y fundamento de todos los demás bienes de esta vida, pues aun el espíritu depende tanto del temple y de las disposiciones de los órganos del cuerpo que si cabe hallar algún medio que convierta comúnmente a los hombres en más sabios y más hábiles de lo que han sido hasta ahora, creo que es en la medicina donde hay que buscarlo. Bien es verdad que la que actualmente se usa contiene pocas cosas cuya utilidad sea tan notable; pero sin que yo tenga el menor propósito de despreciarla, aseguro que no hay nadie, aun de aquellos que la tienen como profesión, que no confiese que todo lo que se sabe es casi nada en comparación con lo que queda por saber, y que sería posible librarse de una infinidad de enfermedades, tanto del cuerpo como del espíritu, y aun también quizá de la debilidad de la vejez, si se tuviera suficiente conocimiento de sus causas y de todos los remedios que la naturaleza nos ha proporcionado. Pues bien, como yo tenía el propósito de emplear toda mi vida en buscar una ciencia tan necesaria, y habiendo hallado un camino que me parece tal que indefectiblemente hay que encontrarla siguiéndolo, si no nos lo impiden la brevedad de la vida o la insuficiencia de las experiencias, juzgué que no habría mejor remedio contra estos dos obstáculos que comunicar fielmente al público lo poco que yo hubiera hallado, e invitar a los buenos espíritus a tratar de pasar más allá contribuyendo, cada cual según su inclinación y poder, a las experiencias que sería preciso hacer y comunicando asimismo al público todo cuanto aprendieran, a fin de que, comenzando los últimos donde los precedentes hubieran terminado, y uniéndose así las vidas y los trabajos de varios, fuéramos todos juntos mucho más lejos de lo que podría hacer cada cual por sí solo.

Por lo que respecta a las experiencias, observé que son tanto más necesarias cuanto más adelantado se está en el conocimiento, pues al principio es preferible no utilizar más que las que se presentan por sí mismas a nuestros sentidos y que no podríamos ignorar a poco que reflexionáramos sobre ellas, en lugar de buscar otras más raras y estudiadas: la razón es que esas raras engañan a menudo cuando no se saben aún las causas más comunes, y las circunstancias de que dependen son casi siempre tan particulares y pequeñas que resulta difícil observarlas. Pero el orden que he seguido en esto ha sido éste: Primero traté de hallar en general los principios, o causas primeras, de todo lo que es, o puede ser, en el mundo, sin considerar a este efecto más que Dios solo que lo creó ni sacarlos de otra parte que de ciertas semillas de verdades que están naturalmente en nuestra alma. Después de esto examiné cuáles eran los primeros y más ordinarios efectos que cabía deducir de esas causas: y me parece que, por ahí, encontré cielos, astros, una tierra, y aun sobre la tierra aire, agua, fuego, minerales y algunas de las cosas que son las más comunes de todas y las más simples, y en consecuencia las más fáciles de conocer. Luego, cuando quise descender a las que eran más particulares, se me presentaron diversas en tal cantidad que no creí posible para el espíritu humano distinguir las formas o especies de cuerpos que existen en la tierra de una infinidad de otras que podrían estar en ella si hubiese sido voluntad de Dios ponerlas en ella, ni, por consiguiente, relacionarlas con nuestra utilidad salvo anticipándose a las causas por los efectos y sirviéndose de varias experiencias particulares. Después de lo cual, volviendo a pasar mi espíritu por todos los objetos que se habían presentado alguna vez a mis sentidos, me atrevo perfectamente a decir que nunca observé cosa alguna que yo no pueda explicar bastante cómodamente mediante los principios que yo había hallado. Pero —debo confesarlo también— el poder de la naturaleza es tan amplio y tan vasto, y estos principios tan simples y tan generales, que no observo casi ya efecto alguno particular que de antemano no conozca yo que puede deducirse de estos principios de muchas y diversas maneras, y que de ordinario mi mayor dificultad consiste en hallar en cuál de esas maneras depende de ellos. Pues para eso no conozco otro expediente que buscar de nuevo algunas experiencias tales que su acaecimiento no sea el mismo si hay que explicarlo de uno de esos modos que si hay que explicarlo de otro. Por lo demás, actualmente he llegado al punto de que —según me parece— veo bastante bien desde qué ángulo hay que colocarse para hacer la mayor parte de las que pueden servir a este efecto; pero veo también que son tales y en número tan grande que ni mis manos ni mis rentas, aunque fueran mil veces mayores, podrían bastar para todas; de suerte que, según que en lo sucesivo tenga la comodidad de hacer más o menos, adelantaré también más o menos en el conocimiento de la naturaleza. Es lo que me prometía dar a conocer mediante el tratado que había escrito, y mostrar tan claramente la utilidad que el público puede obtener que obligaría a todos los que desean en general el bien de los hombres, y no por falsa apariencia, ni solamente por opinión, tanto a que me comunicaran las que ya hubieran hecho como que me ayudaran en la investigación de las que quedan por hacer.

Pero después de esos días tuve otras razones que me hicieron mudar de opinión y pensar que debía verdaderamente seguir escribiendo todas las cosas que juzgara de alguna importancia a medida que descubriera su verdad y haciéndolo con el mismo esmero que si quisiera hacerlas imprimir: tanto a fin de tener más ocasión de examinarlas bien, pues sin duda se mira siempre más detenidamente lo que se cree deberá ser visto por varios que lo que sólo se hace para uno mismo, y a menudo lo que me pareció verdadero cuando comencé a concebirlo, me pareció falso cuando quise ponerlo en el papel, como a fin de no perder ocasión alguna de aprovechar al público siendo yo capaz, y de que, si mis escritos valen algo, quienes los tengan después de mi muerte puedan utilizarlos como les parezca más conveniente, pero que no debía consentir en modo alguno que se publicaran durante mi vida, a fin de que ni las oposiciones y controversias a que quizás estarían expuestos, ni siquiera la reputación que pudieran proporcionarme, me dieran ocasión alguna de perder el tiempo que me propongo invertir en instruirme. Pues aunque es muy cierto que todo hombre está obligado, en cuanto depende de él, a procurar el bien de los demás, y que propiamente no vale nada quien no es útil a nadie, también lo es empero que nuestros cuidados deben extenderse más lejos que el tiempo actual, y que es bueno omitir lo que acaso proporcionaría cierto provecho a los que viven, cuando es con el propósito de hacer otras cosas que proporcionen más a nuestros nietos. Y así, en efecto, quiero que se sepa que lo poco que aprendí hasta ahora no es casi nada en comparación con lo que ignoro y que no desespero de poder aprender; pues les ocurre casi lo mismo a los que descubren poco a poco la verdad en las ciencias que a los que, al empezar a hacerse ricos, les cuesta menos hacer grandes adquisiciones que antes cuando, siendo pobres, hacerlas mucho menores. O bien puede compararse con los jefes de ejército cuyas fuerzas suelen crecer en proporción con sus victorias, y que necesitan mayor esmero para mantenerse después de perder una batalla que para tomar ciudades y provincias después de haberla ganado. En efecto, tratar de vencer todas las dificultades y errores que nos impiden llegar a conocer la verdad, es realmente dar batallas, y equivale a perder una el admitir alguna falsa opinión relativa a una materia algo general e importante; para volver luego al mismo estado en que se estaba antes, se necesita mucha más habilidad de lo que hace falta para hacer grandes progresos cuando se tienen ya principios que son seguros. En cuanto a mí, si hasta ahora encontré algunas verdades en las ciencias (y espero que lo que se contiene en este volumen hará juzgar que algunas hallé), puedo decir que no son sino consecuencias y accesorios de cinco o seis principales dificultades que logré vencer y que yo cuento como otras tantas batallas en que la suerte estuvo de mi lado. Más aún, no temeré decir que pienso que ya no necesito ganar más que otras dos o tres parecidas para llegar totalmente a la meta de mis propósitos, y que mi edad no es tan avanzada que, según el curso ordinario de la naturaleza no me quede aún bastante tiempo para este efecto. Pero tanto más obligado me creo estar a administrar el tiempo que me queda cuantas más esperanzas tenga de poderlo emplear bien; y sin duda tendría varias ocasiones de perderlo si publicara los fundamentos de mi física. Pues aunque sean casi todos tan evidentes que sólo es preciso oírlos para creerlos, y que no hay uno solo del cual no piense yo poder dar demostraciones, siendo empero imposible que estén de acuerdo con las diversas opiniones de los demás hombres, preveo que a menudo se me distraería con las oposiciones que provocarían.

Cabría decir que esas oposiciones serían útiles, tanto para hacerme conocer mis defectos como para que, teniendo yo algo bueno, los demás tuvieran por medio de ello más comprensión, y como muchos pueden ver más que solo, comenzando a utilizarlo desde ahora, me ayudarían también con sus invenciones. Aun cuando me reconozca sumamente expuesto a errar y casi nunca me fíe de los primeros pensamientos que se me ocurran, la experiencia empero que tengo de las objeciones que puedan hacérseme me impide esperar provecho alguno de ellas, pues a menudo he examinado ya los juicios tanto de quienes tenía por amigos como de otros a quienes yo pensaba ser indiferente y aun también de algunos de quienes sabía que por malevolencia y envidia harían no poco por descubrir lo que el afecto ocultaría a mis amigos; pero raras veces me ha sucedido que me hayan objetado algo que yo no hubiese previsto totalmente, salvo que ello estuviese muy lejos de mi tema; de suerte que casi nunca encontré ningún censor de mis opiniones que no me pareciera menos riguroso o menos equitativo que yo mismo. Y tampoco he notado jamás que mediante las disputas que se practican en las escuelas se haya descubierto verdad alguna antes ignorada, pues mientras cada cual trata de vencer, se aplica más a hacer valer la verosimilitud que a pesar las razones en pro y en contra, y quienes durante mucho tiempo fueron buenos abogados no por eso serán luego mejores jueces.

Respecto de la utilidad que los demás obtengan de la comunicación de mis pensamientos, tampoco podrá ser muy grande, sobre todo porque no los he llevado aún tan lejos que no sea necesario añadirles algo, mucho antes de ponerlos en uso. Y pienso poder decir sin vanidad que si alguien puede hacerlo, seré más bien yo que otro: no porque no pueda haber en el mundo varios espíritus incomparablemente mejores que el mío, sino porque no puede concebirse tan bien una cosa, y hacérsela suya, cuando se aprende de otro como cuando la ha inventado uno mismo. Lo cual es tan cierto en esta materia que, a pesar de que yo he explicado algunas de mis opiniones a personas de muy buen espíritu, y que mientras yo les hablaba parecían comprenderlas bien distintamente, luego, cuando las repitieron, noté que casi siempre las modificaban de suerte que yo ya no podía declararlas mías. Aprovecho esta ocasión para rogar a nuestros descendientes que no crean nunca que viene de mí lo que les digan si no lo he divulgado yo mismo. Y no me asombran en lo más mínimo las extravagancias que se atribuyen a todos esos filósofos antiguos cuyas obras no conservamos, ni juzgo por eso que sus pensamientos fueran tan poco razonables, puesto que eran los mejores espíritus de su época; simplemente, nos han informado mal de ellos. Como se ve también que jamás sucedió que ninguno de sus secuaces los superara; y estoy seguro de que los más apasionados que siguen actualmente a Aristóteles, se considerarían dichosos si conocieran la naturaleza tanto como él, aunque fuera a condición de que nunca supieran más. Hacen como la hiedra que no tiende a subir más arriba que los árboles que la sostienen, y aun a veces vuelve a bajar después de haber llegado hasta su copa; pues me parece también que vuelven a bajar de ella —es decir, de algún modo se hacen menos sabios que si se abstuvieran de estudiar— quienes, no contentos con saber todo lo que está explicado inteligiblemente en su autor, quieren todavía encontrar allí la solución de varias dificultades de las cuales él nada dice y en las cuales tal vez jamás pensara. Sea como fuere, su modo de filosofar es muy cómodo para quienes tienen sólo espíritu mediocre, pues la oscuridad de las distinciones y de los principios de que se sirven, es causa de que puedan hablar de todo con la misma audacia que si lo supieran, y sostener todo lo que dicen los más sutiles y más hábiles sin que haya medio de convencerlos. En eso me parecen semejantes a un ciego que, para batirse sin desventaja contra uno que ve, lo hubiera hecho descender al fondo de una cueva muy oscura; y puedo decir que ésos están interesados en que me abstenga de publicar los principios filosóficos de que me sirvo, pues siendo muy sencillos y muy evidentes, si yo los publicara haría casi lo mismo que si abriera algunas ventanas e hiciera entrar luz en esa cueva a la cual bajaron para batirse. Pero aun los mejores espíritus no tienen motivo de desear conocerlos, pues si quieren saber hablar de todo, y adquirir la reputación de ser doctos, lo lograrán más fácilmente contentándose con la verosimilitud —que sin esfuerzo puede hallarse en toda clase de materias— que buscando la verdad, la cual sólo poco a poco se descubre en algunas y, cuando es cuestión de hablar de las demás, obliga a confesar que se las ignora. Que si prefieren conocer algunas pocas verdades a la vanidad de parecer no ignorar nada —lo cual es sin duda preferible—, y quieren seguir un propósito parecido al mío, para eso no necesitan que yo les diga más de lo que ya he dicho en este discurso, pues si son capaces de llegar más lejos que yo lo lograrán también, con mayor motivo, si hallan por sí mismos todo cuanto yo pienso haber hallado, tanto más cuanto que, como nunca examiné nada sino por orden, es cierto que lo que me queda por descubrir es de suyo más difícil y más oculto que lo que hasta ahora haya podido encontrar, y les proporcionará menos placer conocerlo por mí que por ellos mismos; por añadidura, el hábito que adquirirán buscando primero cosas fáciles y pasando paulatina y gradualmente a otras más difíciles, les servirá más que todas mis instrucciones. Asimismo yo, por mi parte, estoy convencido de que si desde mi juventud me hubieran enseñado todas las verdades cuyas demostraciones busqué después y que no me hubiese costado esfuerzo alguno aprenderlas, acaso no hubiera sabido jamás otra alguna, y por lo menos no habría adquirido el hábito y la facilidad que pienso tener, de hallar siempre otras nuevas a medida que me pongo a buscarlas. Y en una palabra: si hay en el mundo una obra que no pueda ser tan bien terminada por nadie que no sea quien la empezó, es aquella en que yo estoy trabajando.

Bien es verdad que respecto de las experiencias que pueden servirme a este objeto, un hombre solo no sería capaz de hacerlas todas; pero tampoco podría emplear útilmente otras manos que las suyas, sino las de artesanos o gentes a quienes él pudiera pagar, y a quienes la esperanza del lucro, medio muy eficaz, haría hacer exactamente todo cuanto les encargara. En efecto, en el caso de voluntarios que por curiosidad o deseo de aprender se ofrecerían tal vez a ayudarlo, sobre que de ordinario prometen más de lo que hacen, y se limitan a hacer bellas proposiciones ninguna de las cuales da resultado jamás, querrían indefectiblemente ser retribuidos mediante la explicación de algunas dificultades, o por lo menos mediante cumplidos y conversaciones inútiles, que por poco tiempo que le costaran serían para él una pérdida. Y en cuanto a las experiencias que los demás hayan hecho ya, aunque estuvieran dispuestos a comunicárselas, lo cual no harán quienes las denominan secretos, las más de ellas están compuestas de tantas circunstancias o ingredientes superfluos que le resultaría muy incómodo descifrar la verdad; sobre que las encontraría casi todas tan mal explicadas, o aun falsas —porque quienes las hicieron procuraron hacerlas parecer de conformidad con sus principios— que si hubiera algunas que le sirvieran, tampoco le compensarían el tiempo que tendría que invertir en escogerlas. Por lo tanto, si en el mundo hubiera alguien de quien se tuviera la seguridad de que es capaz de hallar las cosas más grandes y que, por esta causa, los demás procuraran por todos los medios ayudarle a realizar sus propósitos, no veo que pudieran hacer por él otra cosa sino contribuir a los gastos de los experimentos que tuviera que hacer, y además impedir que su tiempo no le fuera quitado por nadie que fuera a importunarlo. Mas, sobre que yo no soy tan presuntuoso que pretenda prometer cosas extraordinarias, ni me imagine que el público deba interesarse mucho por mis propósitos, tampoco tengo el alma tan baja que estuviera dispuesto a aceptar favor alguno de quien fuese, si no creyera que lo merecí.

Todas estas consideraciones juntas fueron hace tres años la causa de que no quisiera divulgar el tratado que tenía entre manos, e incluso que tomara la resolución de no hacer ver durante mi vida otro alguno que fuera tan general ni por el cual pudieran entenderse los fundamentos de mi física. Pero ha habido después otras dos razones más que me obligaron a poner aquí algunos ensayos especiales y a dar al público alguna cuenta de mis propósitos y de mis actos. La primera es que, si dejaba de hacerlo, muchos que conocieron la intención que yo tenía hasta ahora de hacer imprimir algunos de mis escritos, podrían imaginar que las causas de que me abstuviera fueran para mí más desfavorables de lo que son. En efecto, aunque yo no ame demasiado la gloria, pues la juzgo por encima de todas las cosas, tampoco traté de esconder mis actos como si fueran crímenes ni he empleado muchas precauciones para permanecer desconocido, tanto porque yo habría creído que me perjudicaba como porque eso me habría dado una especie de inquietud, que también habría sido contraria a la perfecta tranquilidad de espíritu que yo busco. Y puesto que, habiéndome mantenido así indiferente entre el afán de ser conocido y el de no serlo, no pude impedir que adquiriera alguna especie de reputación, pensé que debía hacer todo lo que pudiera para por lo menos no tenerla mala. La otra razón que me obligó a escribir esto es que, viendo todos los días cada vez más el retraso que sufre el propósito de instruirme, a causa de una infinidad de experiencias que necesito, y que es imposible que haga sin la ayuda de otro, aunque no me hago la ilusión de esperar que el público coopere mucho en mis intereses, tampoco quiero desalentarme hasta el punto de dar motivo a quienes me sobrevivan para reprocharme un día que les habría podido dejar varias cosas mejores si no hubiese descuidado de enterarlos en qué podían contribuir a mis propósitos.

Y pensé que me era fácil escoger algunas materias que, no estando sujetas a muchas controversias, ni obligándome a declarar de mis principios más de lo que deseo, no dejaran de hacer ver con bastante claridad qué es lo que yo puedo o no puedo en las ciencias. No sabría decir si lo he logrado ni quiero prevenir los juicios de nadie hablando yo mismo de mis escritos; pero me gustaría que alguien los examinara y, para facilitar mejor esa ocasión, ruego a todos los que tengan objeciones contra ellos se tomen la molestia de enviarlas a mi librero, y habiéndome avisado éste, trataré de unir mi respuesta a esas objeciones; de este modo, mis lectores, viendo frente a frente ambos escritos, podrán juzgar tanto más fácilmente de la verdad. Pues no prometo poner nunca largas respuestas, sino solamente confesar mis faltas muy francamente si las conozco, o, si no puedo percibirlas, decir simplemente lo que yo crea necesario para la defensa de lo que haya escrito, sin añadirle explicación de ninguna nueva materia para no lanzarme sin fin de una a la otra.

Si alguna de las que he hablado al principio de la *Dióptrica* y de los *Meteoros*, choca a lo primero a causa de que yo las denomino suposiciones, y que a parecer no tengo deseo de demostrarla, téngase la paciencia de leerlo todo con atención y espero que quien así lo haga se sentirá satisfecho. Pues me parece que las razones se entrelazan de tal suerte que, como las últimas se demuestran por las primeras, que son sus causas, esas primeras se demuestran recíprocamente por las últimas, que son sus efectos. Y no debe imaginarse que yo cometo en esto la falta que los lógicos llaman círculo vicioso, pues como la experiencia hace muy seguros los más de estos efectos, las causas de las cuales los he deducido no sirven tanto para probarlos como para explicarlos, y, al contrario, son ellas las probadas por ellos. Y sólo las he denominado suposiciones para que se sepa que pienso poderlas deducir de estas verdades primeras que expliqué antes, y si no he querido hacerlo expresamente ha sido para impedir que ciertos espíritus que se imaginan que saben en un día todo lo que otro pensó en veinte años tan pronto se les diga de ello sólo dos o tres palabras, y que están tanto más expuestos a equivocarse y menos capaces de la verdad cuanto más penetrantes y vivos son, no puedan aprovechar esto como ocasión para construir alguna filosofía extravagante sobre lo que crean que son mis principios y me echen la culpa. En efecto, en cuanto a las opiniones que son del todo mías, no las excuso como nuevas, tanto más cuanto que si se consideran bien sus razones, estoy seguro de que las encontrará tan simples y tan conformes al sentido común que parecerán menos extraordinarias y menos extrañas que cualesquiera otras que puedan tenerse sobre los mismos asuntos. Tampoco me envanezco de ser el primer inventor de ninguna, antes bien, que jamás las acepté ni porque hubieran sido dichas por otros ni porque no lo hubieran sido, sino solamente porque la razón me convenció de ellas.

Si los artesanos no pueden ejecutar en seguida la invención que se explica en la *Dióptrica*, no creo que por eso pueda decirse que sea mala, pues así como se necesita destreza y hábito para hacer y ajustar las máquinas que describí sin omitir ninguna circunstancia, si lo encontraran desde el primer momento no me extrañaría menos que si alguien pudiera aprender en un día a tocar el laúd a la perfección por el solo hecho de que le hubieran dado el pentagrama que fuera bueno. Y si escribo en francés, que es la lengua de mi país, más bien que en latín, que es la de mis preceptores, es porque espero que quienes sólo se sirven de su razón natural toda pura, juzgarán mejor de mis opiniones que quienes no creen más que en los libros antiguos. Y respecto de aquellos que unen el buen sentido al estudio, que son los únicos que deseo por jueces, estoy seguro de que no serán tan parciales en favor del latín que se nieguen a escuchar mis razones por el hecho de que las explique en lengua vulgar.

Por lo demás, no deseo hablar aquí especialmente de los progresos que tengo esperanza de hacer en lo sucesivo en las ciencias, ni obligarme respecto del público con promesa alguna que yo no tenga la seguridad de cumplir; antes bien, me limitaré a decir que he resuelto no emplear el tiempo que me queda por vivir en otra cosa que en tratar de adquirir de la naturaleza algún conocimiento tal que se puedan deducir de él reglas para la medicina, más seguras de las que se tienen hasta ahora, y que mi inclinación me aparta tanto de toda otra suerte de propósitos −principalmente de los que sólo podrían ser útiles a unos perjudicando a los otros− que si algunas ocasiones me obligaran a ocuparme de ellos, no creo que fuese capaz de acertar. Por lo tanto, hago aquí una declaración que sé perfectamente que no puede servir para hacerme importante en el mundo, pero tampoco tengo deseo alguno de serlo; y me sentiré siempre más obligado a quienes con su favor me ayuden a gozar sin obstáculos de mi ocio que a quienes me ofrecieran los empleos más honrosos de la tierra.

Índice

Un punto de vista acerca de Descartes,
    por Paul Valéry 7
Descartes y el "Discurso del método",
    por Francisco Romero 51
Orientación bibliográfica 66

Discurso del método

Primera parte 71
Segunda parte 81
Tercera parte 93
Cuarta parte 103
Quinta parte 113
Sexta parte 131